rowohlts deutsche enzyklopädie
Herausgegeben von Ernesto Grassi
Universität München

John O'Neill

Revolution oder Subversion?

Aus dem Amerikanischen übersetzt von
Klaus Boer

rde

Rowohlt

Herausgeberassistent: Eginhard Hora (München)
Redaktion: Bernhard Bauer
Umschlagentwurf: Werner Rebhuhn
Umschlagfoto aus «Pop, Kunst und Kultur der Jugend»,
Rowohlt Taschenbuch Verlag, 1978

Veröffentlicht im Rowohlt Taschenbuch Verlag GmbH,
Reinbek bei Hamburg, November 1978

Satz Aldus (Linotron 505 C)
Gesamtherstellung Clausen & Bosse, Leck/Schleswig
Printed in Germany
880-ISBN 3 499 55382 1

Inhaltsverzeichnis

I. Kognitive und sensorische Emanzipation

Im vorliegenden Buch will ich versuchen, auf Erfolge und Fehlschläge der sechziger Jahre in Nordamerika einzugehen, und zwar, weil diese Zeitspanne in unserem Leben die entscheidende Frage nach dem Verhältnis von Politik und Kultur aufwarf. Insbesondere die Sozialwissenschaftler wurden von dieser Fragestellung gezwungen zu entscheiden, ob sie auf seiten der Politik, d. h. auf der des politischen Establishments und seiner Indienstnahme der Sozialwissenschaften, stehen oder auf seiten der Kultur, d. h. auf derjenigen menschlicher Sensibilität, Gemeinschaft und des «politischen Leibes». Ich wehre mich gegen jegliche leichtfertige Formulierung der Problemstellung im Sinne eines Gegensatzes von politischen Realisten und Idealisten. Wir sehen heute, daß die Idealisten verspielt haben, und dies könnte, so scheint es, den früheren Standpunkt der politischen Realisten rechtfertigen. Meiner Ansicht nach sind Idealismus und Realismus in gleicher Weise subjektive oder autobiographische Antworten auf politische Ereignisse. Ebenso wie es für jeden möglich ist, auf zu vieles zu hoffen, so ist es für viele möglich, sich mit wenigem zu begnügen. Etwas änderte sich in Nordamerikas politischer Kultur als Folge der sechziger Jahre; amerikanische Sozialwissenschaftler griffen neue Bewegungen auf, die aus der Sicht früherer Jahrzehnte unvorhersehbar waren. Immer noch sind wir uns über Ausmaß und Bedeutung dieser Veränderungen nicht ganz im klaren.

Vor allem ist es heute nicht länger mehr möglich, die völlige Unabhängigkeit der Kultur von der Politik zu behaupten; das jedoch wird wohl die hochgesteckten Erwartungen all jener Sozialwissenschaftler enttäuschen, die sich gern als Teil einer politischen Elite sehen und dabei für sich gleichzeitig kulturelle Unabhängigkeit fordern. Niemand läßt sich heute mehr von der Behauptung irremachen, Wissenschaft und Kultur wären sich selber Lohn genug, seitdem in Amerika die Entlohnung so kostspielig geworden ist, daß man nur noch politische Abhängigkeit unterstellen kann. Mit anderen Worten, wir wissen heute, daß eine hochentwickelte Kultur – ich rechne dazu die Sozialwissenschaften – nicht von einer niedrigeren Kultur in ihren Beziehungen zur Macht und Ökonomie verschieden ist. Das heißt nicht, daß die Kulturpolitik der Linken moralisch besser wäre als die des Establishments. Studentenbewegung und Neue Linke mußten mit der eigenen Gewalt und ihren unterschiedlichen Erscheinungsformen wie direkte Konfrontation, Terrorismus, Drogen und Rockmusik ins reine kommen. Sie mußten sich mit ihrem eigenen Narzißmus und ihrer Hysterie auseinandersetzen (Kap. VI). Dieser Phänomene wegen sind die politischen Realisten davon überzeugt, daß sie schon immer recht hatten, auch ohne jemals das eigene politische Unterbewußtsein, die Ängste und Verdrängungen überprüft zu haben. Es ist natürlich ganz falsch, die kulturelle Herausforderung gegenüber der politischen Autorität allein für die sechziger Jahre geltend zu machen. Wahre Kunst beinhaltete schon immer eine solche Herausforderung. Es bleibt jedoch unbestritten, daß in den sechziger Jahren eine gewaltige Zahl junger Leute mit Leib und Seele danach trachteten, die Massenkultur der Universitäten umzuwandeln in eine alles durchdringende Herausforderung gegenüber autoritären, hierarchischen, sexuell und politisch repressiven Institutionen (Kap. V). Als die Herausforderung kam, versagten die repressiven Väter, und zwar so, wie wir es tatsächlich aufgrund eines Großteils der Literatur, Kunst und Sozialwissenschaft der fünfziger Jahre und früher her kannten. Während die Polizei sich profilierte, war bei den Vätern der Autoritätsverlust nicht mehr rückgängig zu machen, auch nicht, als sie den Vietnamkrieg beilegten. Watergate war in Nordamerika das Ende einer Ära unzweifelhafter Autorität. Natürlich muß man mit dem religiösen Wiederaufleben derselben in den siebziger Jahren rechnen. Als Erbe der sechziger Jahre aber wird jene ständige Forderung bleiben, die darin besteht, die alltäglichen Verfahrensweisen zur Verwirklichung eines engagierten Stils im institutionalisierten Leben zu finden.

Ich glaube, das sozialistische Denken muß sich mit zwei Seiten des Kampfes für Emanzipation auseinandersetzen. Bisher existierte im Sozialismus jenes erkenntnismäßige Vorurteil, die Forderung nach sensorischer Emanzipation sei – wie Marx' Beschreibung des sozialistischen Alltags – schlechthin utopisch.[1] Es gab solche Ausnahmen wie Reik, Adorno und Marcuse,[2] aber gemeinhin machten marxistische Autoren die Kulturpolitik abhängig von der Analyse der ökonomischen und technologischen Infrastruktur. Habermas suchte richtigerweise das marxistische Denken von der Vorherrschaft des Produktionsbegriffs zu befreien, indem er die Aufmerksamkeit auf die Kommunikationsstruktur und ihre verschiedenen emanzipatorischen Ideale lenkte. In meiner eigenen Arbeit versuche ich, die Kategorie sprachlicher Kompetenz zu erweitern, um so die Kunst, die Musik, die politische Anschauung der Straße und die «Politik der Leiblichkeit» mit einzuschließen, von denen ich glaube, daß sie motiviert sind von emanzipatorischen Zielvorstellungen. Die Schwierigkeit liegt darin, daß in einer Kultur, die den Geist/Körper-Dualismus akzeptiert, die Sozialwissenschaft voreingenommen ist gegen die Suche nach sensorisch-sinnhaften Ordnungen, mit Ausnahme jener, die rein physiologischer Natur sind. Ich glaube jedoch, daß der menschliche Körper eine starke symbolische Quelle ist für den Ausdruck sozialer und politischer Probleme.[3] So habe ich in den folgenden Beiträgen

1 John O'Neill, On the History of the Human Senses in Vico and Marx, Social Research 43, 4 (1976), S. 837–844 (dt. in Vorb.).

2 Ben Agger, On Happiness and the Damaged Life, in John O'Neill (Hg.), On Critical Theory, New York 1976, S. 12–33.

3 John O'Neill, Society, Bodies and Persons (in Vorb.).

versucht, die klassische Metapher des «politischen Leibes» wiederzubeleben, um so Familie, Arbeit und Person als Ebenen politischer Kultur mit verschiedenen Grammatiken der Ordnung und Emanzipation zu integrieren. Ich habe die Begriffe wie *Politik der Leiblichkeit, produktiver Leib, libidinöser Leib, politische Delinquenz, fröhliche Technologie* und *wilde Soziologie* aus den Phänomenen der sechziger Jahre gewonnen. Es sind Begriffe, die genauso begrenzt sind wie die Erfahrung, die sie erhellen sollten. Ich sehe in dieser Beschränkung ein Maß für ihre Stimmigkeit und ein Merkmal für die Verpflichtung des Theoretikers, sich streng an den Phänomenen zu orientieren.

Die Beziehung zwischen Gesellschaft und politischer Ökonomie wird in Nordamerika und Europa nicht länger durch die traditionellen Kategorien soziologischer Analyse aufgeklärt. Wir müssen die neue Beziehungsstruktur zwischen Gesellschaft, Personen und dem Warencharakter aller Erfahrungsformen in einer Art der Analyse greifbar machen, die ich *Ethnoökonomie* nenne (Kap. VIII). Zweck des Konstrukts einer Ethnoökonomie ist es, die Inadäquatheit der klassischen Unterscheidung von Realität und Erscheinung oder Überbau und Basis aufzudecken, Unterscheidungen also, die früher von der kritischen soziologischen und ökonomischen Analyse benutzt wurden. Die Ökonomie ist eine Struktur der Technologie, der Massenmedien und der Spielarten des Wirtschaftslebens. Ihre Präsenz wurde enthüllt, indem sich die Gegenkultur die Straße zunutze machte, und zwar als Schauplatz für Inszenierungen gegen die Wirtschaftskonzerne, um so die offizielle Realität bloßzustellen und zu verunsichern. Parallel dazu zog die soziologische Analyse gleich mit der gesellschaftlichen Erzeugung und Nutzbarmachung von Formen der Imagepflege und des Scheinverhaltens (Kap. III). Beide Entwicklungen hatten tiefgreifende Folgen für die marxistische Sozialwissenschaft. Ich glaube, in Nordamerika scheint eher ein subversives als irgendein marxistisch-revolutionär geartetes Bewußtsein die allgemeine Antwort auf die politische Ökonomie zu sein (Kap. IX). Dieses *subversive Bewußtsein* ist verwurzelt in den allgemein anerkannten Werten des *politischen Leibes* und der gesellschaftlichen Praxis einer *wilden Soziologie.*

Meine Argumentation ist sich durchaus der Prozesse bewußt, die auf den Zusammenbruch des politischen Umfeldes in einer modernen Gesellschaft hinarbeiten (Kap. II). Ferner bemerke ich, daß es Formen der radikalen Sozialwissenschaft gibt – ich nenne sie *sozialen Machiavellismus* (Kap. III) –, die in ihrem potentiell subversiven Bewußtsein hinsichtlich der Existenz großer Institutionen zwiespältig sind. Trotzdem glaube ich fest, daß der «Possibilitarismus» in der phänomenologisch-dramaturgischen Soziologie verbunden werden kann mit der umfassenderen Fragestellung zur Struktur von Macht und Legitimation.[4] Wenn schon nicht wegen eines mittelständi-

4 Mary F. Rogers, Goffman on Power, The American Sociologist, 12 (1977), S. 88–95.

schen Vorurteils, so doch wegen des möglichen Zynismus der radikalen Soziologie, einschließlich der marxistischen Soziologie, habe ich versucht, mich für einen *popularwissenschaftlichen* Charakter der Soziologie einzusetzen. Mit Blick auf die professionellen Ambitionen der Soziologen, ihre Liebe zur Para-Technologie der sozialwissenschaftlichen Forschung und zum allgemeinen Wohlstandsleben, dessen sie sich erfreuen, habe ich erklärt, daß wir die Praxis der Soziologie als ein *hautnahes Geschäft* (Kap. VII) sehen müssen. Dies erwies sich als schwierige Metapher. Worauf ich abziele, wenn ich die Soziologie als ein «hautnahes Geschäft» charakterisiere, ist, daß die Soziologen niemals den Blick dafür verlieren sollten, daß der Sinn ihrer Arbeit im wesentlichen abhängig ist von gerade derjenigen Bedingung, die sie abzuschwächen sucht, nämlich den menschlichen Leib, der Freud und Leid unterworfen ist und den wir alle gemeinsam haben. Als Leibwesen sind wir offen für gegenseitige Beeinflussung, und diese Tatsache ist primär für jede konstruktivistische oder vertragsorientierte Gesellschaftsstruktur. Somit versuche ich, mit dem tiefgreifenden Begriff der *wilden Soziologie* (Kap. IX) die Grundlagen sozialen Lebens auszuarbeiten, d. h. jenes anonyme Leben von uns allen, das in uns allen ist, das die Sozialwissenschaften zu verteidigen haben und wodurch letztlich den verantwortungslosen Praktiken des Professionalismus entgegengewirkt wird.

«Soziologisch denken heißt einer Frage nachzugehen, die wir schon vor langer Zeit beantwortet haben: Wie ist es möglich, daß sich Menschen, trotz aller Verschiedenheiten, zueinander bekennen? Dies nämlich ist Aufgabe einer wilden Soziologie, nachzudenken über die Gemeinplätze von Konvention, Vorurteilen, sozialer Stellung und Sexualität; um so aus ihnen eine Geschichte der ‹Welt-Arbeit› zu machen und um die Soziologie in der Beschäftigung mit den Umständen und Einzelheiten zu verwurzeln, welche die unantastbaren Kategorien gewöhnlicher Menschen formen. Die Arbeit der Soziologie ist es sodann, die leidenschaftslose Welt der Wissenschaft mit den Figurationen der Familie, des Charakters und der menschlichen Torheit zu konfrontieren, außerhalb deren es kein Heilmittel gibt. Das bedeutet nicht die Ablehnung der wissenschaftlichen Soziologie. Es bedeutet bloß, sie als Möglichkeit zu behandeln, die der Welt noch zum Bewußtsein kommen muß. Die wilde Soziologie ist sich über die Armut der Soziologie im allgemeinen sowie über ihre Ambitionen und lockeren Allianzen im klaren. Sie sieht keinen anderen Weg als den, in jener Welt zu bleiben, die sie für ihren eigenen Anspruch und für Einzelheiten ihrer Beweisführung braucht. Sie stellt keine neuen Behauptungen auf, ihre Überlegungen nehmen ihren Anfang jeweils bei dem Grunde, den sie selber zu einem unvertrauten zu machen scheinen. Wilde Soziologie offenbart ständig ihre Nähe zu den traditionellen Ordnungen unserer Alltagskonventionen. Dennoch bedeutet das nicht, daß dem soziologischen Denken jede Wahlmöglichkeit fehlt. Es bedeutet lediglich, daß die Aufgabe der Soziologie nie als ein fest abgegrenzter Einstieg zur Verfügung steht, sondern auf dem Weg konkreter Verwirklichung gefunden werden muß. Sie ist somit niemals reduzierbar auf eine Matrix operativer Regeln. Der Erfolg wilder Soziologie liegt in der Einheit ihrer Fragestellungen und nicht in der Teilung ihrer Arbeit.»[5]

Ich glaube, es ist für uns zu früh, um zu entscheiden, ob der Versuch, Kultur und Politik zu integrieren, gescheitert ist. Es könnte gut sein, daß wir die einzelnen Szenerien und das ganze Straßentheater der sechziger Jahre nicht noch einmal erleben werden. Ich glaube jedoch fest, daß die wesentlichen Fragestellungen gar nicht der Veränderung im politischen Stil unterworfen sind. Die Stimmungen des «politischen Leibes» werden weiterhin die Quelle sein für einen vernünftigen Protest gegen die krankhaften Auswirkungen des Urbanismus, des Konsumzwanges, des Gesundheitswesens und des Beförderungssystems. Zu jeder Fragestellung wird man uns weiterhin nach Realisten und Idealisten einteilen. Die Realisten werden jene Probleme, die die Qualität des Alltags bestimmen, als Gelegenheit für eine administrative Expertise benutzen, und zwar jenseits jeglicher Meinungsbildung und Bürgerinitiative. Dies ist eine Position, die – wie Habermas behauptet – abhängt von der Entpolitisierung des öffentlichen Bereichs und von der Substitution des bürgerlichen Privatismus, der sich seinerseits vom Konsumzwang und Leistungsdenken ableitet (Kap. II). Die Idealisten andererseits werden die Trennung von Politik und Gesellschaft als einen Versuch zur Zerstörung unserer politischen Kultur zurückweisen. Sie werden dazu neigen, in den endlos subversiven Handlungen der Jugend, der Feministinnen, der Drogensüchtigen und Ausgeflippten eine eigensinnige Zurückweisung gütiger Autorität zu sehen. Ebenso werden sie Kunst, Musik, Straßenmalerei, Nostalgie, die Friedens- und Verbrüderungsbewegung als Angriffe auf jene bürokratische Administration ansehen, die volksnahe politische Reaktionen auf ihre offiziellen Vollzugsformen gewöhnlich zu zerstören sucht.

Am Schluß gibt es noch ein Problem ins Auge zu fassen. In allen Beiträgen haben wir es vermieden, zugunsten einer proletarischen Revolution zu sprechen. Wir wollen den kritischen Marxismus bewußter machen für den «Leib der Menschheit», der unter jedem Zuwachs ihrer Erkenntnis zu leiden hat.[6] «Bei allem Optimismus, den er (der kritische Theoretiker) im Hinblick auf die Veränderung der Verhältnisse aufbringen mag, bei aller Einschätzung des Glücks, das aus der Arbeit der Veränderung und aus der Solidarität hervorgeht, trägt er also einen pessimistischen Zug an sich. Das vergangene Unrecht ist nicht wiedergutzumachen. Die Leiden der verflossenen Geschlechter finden keinen Ausgleich.»[7] Daran schließt wilde Soziologie sich an, und das ist es, was im Begriff des «politischen Leibes» erneuert wird.

---

5 John O'Neill, Making Sense Together, An Introduction to Wild Sociology, New York 1974, S. 10–11.

6 John O'Neill, Critique and Rememberance, in: On Critical Theory, a. a. O.

7 Max Horkheimer, Kritische Theorie, Bd. 1, Frankfurt a. M. 1968, S. 47.

II. Öffentlicher und privater Raum

Die politische Vorstellungskraft ist eingegrenzt durch die korporative Organisation der modernen Gesellschaft. Die traditionellen Antithesen wie Individuum und Staat, Staat und Gesellschaft, öffentliche und private Rechte, Konflikt und Ordnung dienen den Menschen nicht länger dazu, ihr privates Leben auf politische Kontexte hin auszurichten. Die moderne Gesellschaft ist in zunehmendem Maße konsensuell und apolitisch; sie schafft eine bequeme Realität, die uns dazu verleitet, die Rationalität ihres eigenen industriellen Metabolismus mit der Rationalität als solcher zu identifizieren, um uns so der kritischen Aufgabe der Vernunft zu entziehen. Die Tendenz, technologische Rationalität mit sozialer Rationalität gleichzusetzen, ist eine der ärgsten Gefahren für ein Überleben der politischen Vorstellungskraft.[1] Ihr liegt der liberalistische Verzicht auf Politik zugunsten der Marktwirtschaft zugrunde. Demgegenüber ist die Unterordnung der technologischen Rationalität unter die soziale Rationalität Programm einer genuin marxistischen politischen Ökonomie.

Politische Ökonomie bleibt jedoch kraftlos, solange sie auf einem Regierungskonzept beruht, das nicht nach der gesellschaftlichen Aufteilung der Ressourcen zwischen dem öffentlichen und privaten Sektor der Ökonomie fragt. Keine moderne Regierung kann ihre Macht aufrechterhalten, die in der Kontrolle industrieller Technologie oder des Machtanspruchs großer Wirtschaftsunternehmen versagt, welche eben mit dieser Macht die Gesamtökologie des Landes sowie die psychische Ökonomie der Individuen formt. Die Ökonomie der Konzerne (= korporative Ökonomie) steht zwischen dem Staat und den Individuen. Ihre Macht, den Lebensstil der modernen Gesellschaft zu bestimmen, muß als Hauptthema politischer Ökonomie angesehen werden. Die Kritik an jenen Kräften, die an dem arbeiten, was Herbert Marcuse die «eindimensionale Gesellschaft» nannte, muß sowohl die elitäre Fiktion vermeiden, daß die Massengesellschaft der Grund sei für unsere politischen Schwierigkeiten, wie auch die liberalistische Illusion, der pluralistische Machtausgleich sei die einzig mögliche Formel für politisches Verhalten.[2] Gleichzeitig ist die grundlegende Organisationsform moderner

---

1 Herbert Marcuse, Der eindimensionale Mensch, Neuwied 1967. Für die Unterscheidung zwischen technischer oder «funktionaler» und «substantieller» Rationalität vgl. Karl Mannheim, Mensch und Gesellschaft im Zeitalter des Umbaus, 2. Aufl., Bad Homburg/Berlin/Zürich 1967, S. 61 ff.

2 «*Sozial integriert sein bedeutet in Amerika, Werbung, Propaganda und rasche Konsumanpassung akzeptieren zu müssen.* Tatsache ist, daß jene, die das Bild des pluralistischen Menschen in einer pluralistischen Gesellschaftsform entwerfen, auch

Industriegesellschaft so eng verbunden mit einer nur geringen Zahl korporativer und bürokratischer Strukturen, daß von den Ideen des Pluralismus kaum behauptet werden könnte, sie würden einen qualitativen Effekt auf das System ausüben.

«In einem bestimmten Sinne ist die fortgeschrittene industrielle Kultur *ideologischer* als ihre Vorgängerin, insofern nämlich, als heute die Ideologie im Produktionsprozeß selbst steckt. In provokativer Form offenbart dieser Satz die politischen Aspekte der herrschenden technologischen Rationalität. Der Produktionsapparat und die Güter und Dienstleistungen, die er hervorbringt, ‹verkaufen› das soziale System als Ganzes oder setzen es durch . . . Die Erzeugnisse durchdringen und manipulieren die Menschen; sie befördern ein falsches Bewußtsein, das gegen seine Falschheit immun ist. Und indem diese vorteilhaften Erzeugnisse mehr Individuen in mehr gesellschaftlichen Klassen zugänglich werden, hört die mit ihnen einhergehende Indoktrination auf, Reklame zu sein; sie wird ein Lebensstil, und zwar ein guter – viel besser als früher –, und als ein guter Lebensstil widersetzt er sich qualitativer Änderung. So entsteht ein Muster *eindimensionalen Denkens und Verhaltens,* worin Ideen, Bestrebungen und Ziele, die ihrem Inhalt nach das bestehende Universum von Sprache und Handeln transzendieren, entweder abgewehrt oder zu Begriffen dieses Universums herabgesetzt werden. Sie werden neu bestimmt von der Rationalität des gegebenen Systems und seiner quantitativen Ausweitung.»[3]

Die eindimensionale Gesellschaft zeichnet sich aus durch eine systematische Verknüpfung zwischen der Unterordnung des öffentlichen unter den privaten Bereich mit Hilfe der korporativen Ökonomie und einer ideologischen Privatisierung individueller Empfindungsformen, welche die Kontrolle der Wirtschaftsunternehmen über die Zuteilung gesellschaftlicher Ressourcen und Energiequellen verstärkt. Die eindimensionale Gesellschaft hat ihre Wurzeln im liberalen Gesellschaftsbegriff als einem Feld, in dem die Verfolgung privater ökonomischer Interessen öffentliche Zugeständnisse ohne politische Interventionsmöglichkeiten erzeugt. Das Entstehen eines «gesellschaftlichen Universums», das strenggenommen weder öffentlich noch privat ist, erscheint als ein modernes Phänomen, das aus der öffentlichen Bedeutung, die man dem Aufbau einer materiellen Existenz beimaß, entstand und als solches kein Gegenstück in der antiken Welt besitzt. Es ist

---

das Bild des Massenmenschen in einer Massengesellschaft zurechtschneidern. Jedes Bild von der Struktur der Gesellschaft, das genau sein will, muß diese Zweideutigkeiten einordnen können» (Harold L. Wilensky, Mass Society and Mass Culture: Interdependence of Dependence? American Sociological Review 29, 2 (1964), S. 196.

3 Herbert Marcuse a. a. O., S. 31–32; zu den empirischen Beweisen hinsichtlich des ideologischen Gehalts des Konsumverhaltens vgl. Sanford M. Dornbusch/Lauren C. Hickman, Other-Directedness in Consumer-Goods Advertising: A Test of Riesman's Historical Typology, Social Forces 38, 2, S. 99–102.

ein Phänomen, das uns den hybriden Terminus «politische Ökonomie» aufzwang und mit diesem die Forderung, die Beziehung zwischen öffentlichen und privaten Bereichen der modernen Industriegesellschaft neu zu durchdenken.

1. Öffentlicher und privater Raum

In der griechisch-römischen Welt war die Grenze zwischen öffentlichen und privaten Bereichen klar, und die Menschen waren sich der Schwelle zwischen öffentlichem und privatem Leben voll bewußt. Obwohl der antike Stadtstaat auf Kosten der Familienwirtschaft und der Sippenverbände wuchs, wurde die Grenze zwischen öffentlichen und privaten Bereichen nie aufgehoben. In der Tat setzt die Definition des öffentlichen Bereichs als eines Feldes der Freiheit und Gleichheit die Anerkennung der «Bedürftigkeit» in der Familienwirtschaft voraus.[4] Die Erfordernisse des Unterhalts und der Reproduktion definierten die soziale Natur des Menschen und der Familie sowie die sexuelle und soziale Arbeitsteilung zwischen Mann und Frau, Herr und Sklave.

In moderner Zeit wurde diese antike Abgrenzung von privaten und öffentlichen Bereichen mit dem Aufkommen der «Gesellschaft» und dem liberalistischen Begriff der «Kleinstherrschaft» aufgelöst. Eine gänzlich neue Welt entstand, das gesellschaftliche Universum, das öffentliches und privates Leben vermengte. Die öffentliche Bedeutung des gesellschaftlichen Universums hat ihre Wurzeln in der Versubjektivierung privaten Eigentums und in der Beschränkung der Regierungsgewalt auf den kleinen Bereich sozialen Gleichgewichts von individuellen und öffentlichen Interessen. Das siebzehnte Jahrhundert schuf die engen Grenzen der «Regierungsgewalt», um den grenzenlosen Bereich eines besitzorientierten Individualismus zu kultivieren, den C. B. Macpherson als das Haupthindernis moderner liberal-demokratischer Ideologie beschrieb.

«Diese Besitz-Bezogenheit spiegelt sich in seiner Auffassung vom Individuum: Es ist wesenhaft der Eigentümer seiner eigenen Person oder seiner eigenen Fähigkeiten, für die es nichts der Gesellschaft schuldet. Das Individuum wurde weder als ein sittliches Ganzes noch als ein Teil einer größeren gesellschaftlichen Ganzheit aufgefaßt, sondern als Eigentümer seiner selbst. Die Beziehung zum Besitzen, die für immer mehr Menschen die fundamental wichtige Beziehung geworden war, welche ihre konkrete Freiheit und ihre konkrete Chance, all ihre Möglichkeiten zu entfalten, bestimmte, wurde in der Natur des Individuums zurückinterpretiert. Das Individuum ist, so meinte man, insoweit frei, als es Eigentümer seiner Person und seiner Fähigkeiten ist. Das menschliche Wesen ist Freiheit von der Abhängigkeit

4 Aristoteles, Politik, 1252 a 2.

vom Willen anderer, und Freiheit ist Funktion des Eigentums. Die Gesellschaft wird zu einer Anzahl freier und gleicher Individuen, die zueinander in Beziehung stehen als Eigentümer ihrer eigenen Fähigkeiten und dessen, was sie durch deren Anwendung erwerben. Die Gesellschaft besteht aus Tauschbeziehungen zwischen Eigentümern. Der Staat wird zu einem kalkulierten Mittel zum Schutz dieses Eigentums und der Aufrechterhaltung einer geordneten Tauschbeziehung.»[5]

Der liberale Sinn für das Praktische schreckte vor einer utopischen Konzeption des öffentlichen Bereichs welcher Art auch immer zurück; er war mit einer Ordnung zufrieden, die aufgrund von Nichteinmischung in die Naturprozesse der Gesellschaft oder besser – in den Stoffwechsel derselben zu entstehen schien. Wie Hannah Arendt behauptet, kann man die ungewöhnliche Identifikation der Begriffe «Gesellschaft» und «Ökonomie» zum Teil in der liberalistischen Abwertung der Politik aufweisen.

«Wir müssen uns in diesem Zusammenhang erst einmal darüber klarwerden, welche außerordentlichen Schwierigkeiten wir infolge der neuzeitlichen Entwicklung haben, diese entscheidenden Trennungen und Unterschiede zwischen öffentlich und privat, zwischen dem Raum der Polis und dem Bereich des Haushalts und der Familie, schließlich zwischen den Tätigkeiten, die der Erhaltung des Lebens dienen und denjenigen, die sich auf eine allen gemeinsame Welt richten, überhaupt zu verstehen, wobei wir nicht aus den Augen verlieren dürfen, daß diese Trennungen und Unterscheidungen die selbstverständliche und axiomatische Grundlage des gesamten politischen Denkens der Antike bilden.»[6]

Alle Bereiche der modernen Welt sind absorbiert in einer einzigen Ökonomie, deren Rhythmus linear und mechanisch ist. Die Architektur der öffentlichen und wirtschaftlichen Institutionen, die Einrichtung unseres Heims, ja sogar der Stil, in dem wir unsere eigenen Körper bekleiden, drohen die Dialektik zwischen jenen Dingen, die gezeigt werden müssen, und denjenigen, die verborgen bleiben sollen, zu zerstören. Die Resultate variieren vom unmenschlich kahlen Raum des Schreibmaschinenbüros bis hin zu den demokratisch offenen Räumen des neuen Rathauses von Toronto, wo die schockierende Zurschaustellung der Sekretärinnenknie den Wunsch nach Rückzugsmöglichkeiten bei der Planung von Arbeitsräumen hervorruft. Noch hoffnungsloser ist der Verlust an Rückzugsmöglichkeiten in der geheiligten Stätte des Zuhauses. Le Corbusier nannte das moderne Haus

5 C. B. Macpherson, Die politische Theorie des Besitzindividualismus von Hobbes bis Locke, Frankfurt a. M. 1967, S. 15. Der liberalistische Begriff der «Gesellschaft» provoziert jenen Gegenbegriff der «organischen Gesellschaft» im konservativ-marxistischen Denken, der mit allem, nur nichts mit dem Liberalismus zu tun hat; vgl. Karl Mannheim, Das konservative Denken, in: Wissenssoziologie, Neuwied 1964, S. 408ff.

6 Hannah Arendt, Vita activa oder vom tätigen Leben, Stuttgart 1960, S. 31.

«eine Wohnmaschine», eine Maschine, die das tägliche Leben in einer mechanischen Welt mechanisiert. In einer merkwürdig-krankhaften Wiederholung des antiken Symbolismus ist der moderne Haushalt mit seinem Fernseher als Nabel im Zentrum des Universums verankert und schwebt so mit Hilfe einer Antenne («universalis columna quasi sustinens omnia») zwischen Himmel und Hölle. «Die Kwakiutl glauben, daß ein kupferner Pfahl die drei kosmischen Ebenen (Unterwelt, Erde und Himmel) durchquert; dort, wo er in den Himmel eindringt, befindet sich die ‹Pforte der Oberwelt›. Sichtbares Bild dieser Weltsäule ist am Himmel die Milchstraße.»[7] Durch die Bilderrahmenfenster des modernen Hauses wird der Stoffwechsel des Familienlebens auf den öffentlichen Bereich projiziert und von da als Kreislauf zurück ins heimische Haus vervollständigt durch einen magischen Äther, der von Pflegemitteln, Deodorants, Seifenlaugen und Kleenextüchern bevölkert ist.

In der eindimensionalen Gesellschaft ist der Wunsch, geboren aus dem Bedürfnis, nicht länger zu bezähmen. Die ganze Gesellschaft ist jetzt daraufhin organisiert, häusliche Wünsche zu befriedigen. Dies ist ein Arrangement, das ausgezeichnet zu der individualistisch-familiären Ethik paßt sowie zur Vergesellschaftung der einzelnen Gesellschaftsglieder durch das Etikett des Konsumenten, dessen Bedürfnisse als Vertreter einer selbstauferlegten sozialen Kontrolle fungieren. Die Kontinuität des psychischen und sozioökonomischen Raumes ist es, die zur gleichen Zeit, wo sie die in sich geschlossene Phantasie von einer Souveränität des Konsumenten fundiert, die Luft mit dem Lärm und Schmutz erfüllt, die als Nebenprodukte einer kommerziellen Narkose anfallen.[8]

---

7 Mircea Eliade, Das Heilige und das Profane, Hamburg 1957 (rde Bd. 31), S. 21–22.

8 «Das Sehen, Verwenden oder Wahrnehmen irgendeiner Erweiterung unserer selbst in technischer Form heißt notwendigerweise auch sie einbeziehen. Radiohören oder eine bedruckte Seite lesen heißt die Ausweitungen unserer selbst in unser persönliches System aufzunehmen und die ‹Schließung› oder die Verdrängung der Wahrnehmung, die darauf automatisch folgt, mitmachen. Gerade die dauernde Aufnahme unserer eigenen Technik in den Alltag versetzt uns in die narzißtische Rolle unterschwelligen Bewußtseins oder der Betäubung in bezug auf diese Abbilder von uns selbst. Indem wir fortlaufend neue Techniken übernehmen, machen wir uns zu ihren Servomechanismen. Deswegen müssen wir, um sie überhaupt verwenden zu können, diesen Objekten, diesen Ausweitungen unserer selbst, wie Göttern kleinerer Religionen dienen. Ein Indianer ist der Servomechanismus seines Kanus, wie der Cowboy der seines Pferdes oder der Beamte der seiner Uhr ist» (Marshall McLuhan, Die magischen Kanäle, Frankfurt a. M./Hamburg 1970, S. 54).

2. Metabolismus und politische Ökonomie

In der Zeit zwischen dem Niedergang feudaler Geschlechterordnung und dem Entstehen der modernen Nationalstaaten, die auf eine voll industrialisierte Wirtschaft zusteuerten, entstand in höfischen Kreisen und in den Salons der höheren Gesellschaft eine mikrokosmische Version von der tragischen Entfremdung des Individuums innerhalb eines Universums, das sich vor Gott verbirgt und sich hingibt an das Spiel gesellschaftlicher Kräfte.[9] Ob nun durch die Identifikation des Individuums mit seinem Titel am Hofe zur Zeit des Ancien régime oder mit seiner beruflichen Position in einem modernen Wirtschaftsunternehmen – das moderne Individuum sieht sich in jedem Fall einer Bürokratisierung privater Empfindungsmöglichkeiten gegenüber, einer Einöde zwischen äußersten Grenzen des Herzens und der öffentlichen Selbstdarstellung.[10] Der Aufstieg moderner Gesellschaft ist die Geschichte des Niedergangs feudaler Gemeinschaft sowie die Geschichte des Wachstums des Nationalstaates, der Industrietechnologie und der politischen Demokratie. Aber er bedeutet ebenso das Paradox einer Affinität des Individuums zum Konformismus aufgrund des Verfalls der kommunalen Grundlagen von Familie, Kirche, Zunft- und Dorfgemeinschaft.[11] Das Aufkommen der «totalen Gemeinschaft» hat seine Ursprünge in einer Zunahme des Rationalismus in Ökonomie, Politik und Religion. Auf jedem dieser Gebiete bekommt der moderne Individualismus Impulse von der Subjektivierung der Grundlagen feudaler Gemeinschaft und einer gleichzeitigen Assimilation des Individuums an die abstrakte Gemeinschaft der Marktgesellschaft.

«Als *Fetischdiener*, als *Katholiken* erscheinen daher dieser aufgeklärten Nationalökonomie, die das *subjektive Wesen* des Reichtums – innerhalb des Privateigentums – entdeckt hat, die Anhänger des Geld- und Merkantilsystems, welche das Privateigentum als ein *nur gegenständliches* Wesen für den Menschen wissen. *Engels* hat daher mit Recht *Adam Smith* den *nationalökonomischen Luther* genannt. Wie Luther als das Wesen der äußerlichen *Welt* die *Religion*, den *Glauben* erkannte und daher dem katholischen Heidentum gegenübertrat, wie er die *äußere* Religiosität aufhob, indem er

---

9 Lucien Goldmann, Der verborgene Gott, Neuwied 1973.

10 Locke ist sich offensichtlich der Entfremdung des Menschen in der Gesellschaft nicht bewußt, anders dagegen Hobbes, der trotz allem dafür keine Lösung hat. Es war Rousseau, der zuerst versuchte, die Entfremdungserfahrung mit einer Gesellschaftskritik zu verbinden.

11 Robert A. Nisbet, Community and Power, New York 1962; vgl. dazu Karl Marx/Friedrich Engels, Manifest der Kommunistischen Partei, Kap. III; Marx' Studie zum Zusammenbruch des Feudalismus wird hervorragend entwickelt bei Karl Polanyi, Politische und ökonomische Ursprünge von Gesellschaften und Wirtschaftssystemen, Wien 1977.

die Religiosität zum *innern* Wesen des Menschen machte, wie er die außer dem Laien vorhandnen Pfaffen negierte, weil er den Pfaffen in das Herz der Laien versetzte, so wird der außer dem Menschen befindliche und von ihm unabhängige – also nur auf eine äußerliche Weise zu erhaltende und zu behauptende – Reichtum aufgehoben, d. h., diese seine *äußerliche gedankenlose Gegenständlichkeit* wird aufgehoben, indem sich das Privateigentum inkorporiert im Menschen selbst und der Mensch selbst als sein Wesen erkannt – aber darum der Mensch selbst in der Bestimmung des Privateigentums wie bei Luther der Religion gesetzt wird. Unter dem Schein einer Anerkennung des Menschen ist also die Nationalökonomie, deren Prinzip die Arbeit, vielmehr nur die konsequente Durchführung der Verleugnung des Menschen, indem er selbst nicht mehr in einer äußerlichen Spannung zu dem äußerlichen Wesen des Privateigentums steht, sondern er selbst dies gespannte Wesen des Privateigentums geworden ist. Was früher *Sich äußerlichsein*, reale Entäußerung des Menschen, ist nur zur Tat der Entäußerung, zur Veräußerung geworden. Wenn also jene Nationalökonomie unter dem Schein der Anerkennung des Menschen, seiner Selbständigkeit, Selbsttätigkeit etc. beginnt und, wie sie in das Wesen des Menschen selbst das Privateigentum versetzt, nicht mehr durch die lokalen, nationalen etc. *Bestimmungen des Privateigentums* als eines *außer ihr existierenden Wesens* bedingt sein kann, also eine *kosmopolitische*, allgemeine, jede Schranke, jedes Band umwerfende Energie entwickelt, um sich als die *einzige* Politik, Allgemeinheit, Schranke und Band an die Stelle zu setzen.»[12]

Die Gleichsetzung des Stoffwechsels des Familienhaushalts mit der Ökonomie einer Nation, die als Gegenstand der «politischen Ökonomie» völlig überschätzt wurde, ist das Ergebnis einer Entfremdung von Privateigentum und Arbeit bezüglich ihrer Verankerung in den Gebrauchswerten. In ihren endlos reproduzierbaren Formen, als Tauschwerte von Kapital und Arbeitskraft, dringen Privateigentum und Arbeit in den öffentlichen Bereich ein und ordnen diesen den Bedürfnissen der Marktgesellschaft unter. Die Emanzipation der Arbeit ist Voraussetzung für die Substitution des Tauschwerts für den Gebrauchswert, was wiederum zur Unterordnung aller festen Lebens- und Eigentumsformen unter die Akkumulation und Expansion des Reichtums führt. In jener bemerkenswerten Passage aus den «Ökonomisch-philosophischen Manuskripten», die wir oben zitierten, erklärt Marx, wie das Privateigentum seinen subjektiven Impuls zur industriellen Unternehmung aufgrund der Definition als *Arbeits-Kraft* bekommt. Die Physiokraten identifizierten jeglichen Reichtum mit dem Grund und Boden sowie dessen Kultivierung; dabei ließen sie das Feudaleigentum unberührt, änderten aber die wesentliche Definition des Grund und Bodens in Richtung auf

12 Karl Marx, Ökonomisch-philosophische Manuskripte (1844), MEW, Erg.-Bd. 1, S. 530–531.

seine ökonomische Funktion hin, wodurch das Feudaleigentum späteren Angriffen auf die Grundrente ausgesetzt war. Der objektive Charakter des Reichtums wurde zu seiner subjektiven Grundlage in der Arbeit hin verschoben, und zwar, weil die Landwirtschaft als Quelle des Bodenertrags angesehen wurde. Schließlich machte man die Industriearbeit zum allgemeinsten Prinzip der Produktivität und die Faktoren wie Produktion, Grund und Boden, Arbeit und Kapital zu bloßen Momenten in der Dialektik der Selbstentfremdung des Arbeiters.

3. Privater Wohlstand und öffentliche Armut

Die Erwartung von Marx, daß der Kapitalismus zusammenbrechen würde aufgrund des Konflikts zwischen der technologischen Rationalisierung seiner Ökonomie und der Irrationalität seiner sozialen und politischen Struktur, blieb unerfüllt. Die Frage ist, ob die Marxsche Diagnose für ebenso unwichtig zu nehmen ist wie das Phänomen des Wohlfahrts- und des Überflußkapitalismus.[13] Sicher, der Stoffwechsel einer korporativen Ökonomie (Unternehmenswirtschaft) verschlingt mehr als je zuvor die öffentlichen und privaten Energien der modernen Gesellschaft. Unter dem Banner einer neofeudalen Ideologie der Unternehmensverantwortlichkeit[14] macht eine neue geistige Abhängigkeit von Markenloyalität und Berufsstand den Monopolkapitalismus immun gegen Vorgänge sozialer und politischer Kritik. Es ist zunehmend schwieriger geworden, das Wesen der guten Gesellschaft zu diskutieren, wo doch jeder von den Gesellschaftsgütern hypnotisiert ist. Im nordamerikanischen Kontext gibt es historische und umweltbedingte Faktoren, die zu einer Angleichung von Politik und Überfluß beitragen.

«Die Politik unserer Demokratie war eher eine Politik des Überflusses als eine Politik des Individualismus, eher eine Politik des schnellen Wachstums von Reichtum als eine seiner gerechten Verteilung, eher eine Politik, die außer jenen, die den Überfluß als ein Mittel zur Freiheitssicherung schätzen,

13 Zu einer sorgfältigen Bewertung der Beziehungen zwischen Wohlfahrtskapitalismus und Überflußgesellschaft vgl. T. H. Marshall, Sociology at the Crossroads, London 1963, Teil 3, und Richard M. Titmuss, Essays on the «Welfare State», London 1963.

14 Es wurde behauptet, daß die politische Machtausübung der Konzerne im Prinzip in der Tradition der naturrechtlichen Trennung von kirchlicher und weltlicher Macht stehe sowie in deren Institutionalisierung aufgrund einer ausgewogenen Machtverteilung innerhalb des Feudaladels. Der «Gottesstaat» von Augustinus, als Theorie verstanden, daß es in jedem Zeitalter einen moralischen und philosophischen Rahmen gibt, der die Machtausübung einschränkt, wurde als Modell der unternehmensorientierten Politik gewertet (Adolf A. Berle, Die kapitalistische Revolution des 20. Jahrhunderts, Meisenheim/Glan 1958).

auch diejenigen begünstigt, die in der Freiheit ein Instrument zur Bewahrung des Überflusses sehen.»[15]

Die ideologischen Wurzeln der Überflußgesellschaft wurden von John Kenneth Galbraith bis hin zu jenem Einfluß auf die liberale Denkhaltung aufgedeckt, der von bestimmten Imperativen einer «allgemein gesellschaftlichen Überzeugung» ausgeht. Adam Smith, Ricardo und Malthus machten wohl deutlich genug, daß die Masse der Menschen machtlos sei gegenüber der besitzenden Klasse. Aber in Anbetracht der näheren Umstände der Armut, gegen die jeder Vorschlag einer sozialen Neuverteilung nur ein Rückfall in die Barbarei bedeuten kann, scheint es, daß die gegenseitigen Interessen von arm und reich allein in der Expansion industrieller Unternehmungen liegen. Nach allgemeiner Überzeugung bleibt der Imperativ der Produktion so dringend wie eh und je, trotz einschneidender Veränderungen im modernen ökonomischen Umfeld, die den Überfluß, wenn schon nicht zu einer soziologischen Gewißheit, so doch zu einer technologischen Möglichkeit machen.

«Diese drei Faktoren – Produktivität, Ungleichheit und Unsicherheit – haben zu allen Zeiten das volkswirtschaftliche Denken besonders beschäftigt, nie aber stärker als in den dreißiger Jahren des 20. Jahrhunderts, als wir in einem tiefen Tal gelandet waren und – ohne es zu ahnen – bereits einem steilen Anstieg des Wohlstandes entgegengingen. Nun haben wir diesen Anstieg hinter uns. Trotzdem sind die früheren Sorgen in starkem Maße erhalten geblieben.»[16]

Das Paradox der Überflußgesellschaft besteht darin, daß sie den liberalen Geist in einer «Lösung» des Ungleichheits- und Unsicherheitsproblems mit Hilfe einer geistlosen Produktionsexpansion entleerte.

Das Instrument zur Schaffung dieser paradoxen Situation ist die korporative Organisation[17] der Wirtschaft, deren Erfolge bei der Kontrolle ihres ökonomischen Umfeldes zur politischen Anerkennung durch die Arbeitnehmer geführt haben und die darüber hinaus stabilisierende Unterstützung von staatlich kontrollierten Belebungsspritzen für jene Momente bekommt,

---

15 David M. Potter, People of Plenty: Economic Abundance and the American Character, Chicago, S. 126.

16 John Kenneth Galbraith, Gesellschaft im Überfluß, München/Zürich 1959, S. 91.

17 «Im großen und ganzen sind die Wirtschaftsunternehmen in der Lage, auf die Regierung und auf gesellschaftliche Institutionen allgemein Druck auszuüben, um so das Umfeld in ihrem Sinne zu stabilisieren. *Die Stabilisierung des Umfeldes ist die Politik der Industrie*» (J. Porter, The Vertical Mosaic: An Analysis of Social Class and Power in Canada, Toronto 1965, S. 269). Die Schwäche der Regierungsplanung in Amerika hat man dem Wettbewerbscharakter ihrer politischen Institutionen zugeschrieben, die diese Planung entsprechend der zunehmend einheitlichen Struktur des Wirtschaftslebens schwächen (A. Shonfield, Geplanter Kapitalismus, Köln/Berlin 1968).

in denen die «Beseelung» des Unternehmens einen Tiefpunkt zu erreichen droht. Die Macht der Wirtschaftskonzerne, ihr Umfeld zu kontrollieren, nimmt eine Vielfalt der Formen an, die in ihrer Möglichkeit zur Preis-Kosten-Kontrolle besteht wie auch in der Kontrolle der Investitionshöhe und -zusammensetzung, der Art der Forschung und Neuerung sowie des Standortes der Fabrikationsstätten mit ihren Auswirkungen auf lokale Gemeinden und natürlich, nicht zuletzt, in ihrer Macht, das physikalische und soziopsychologische Umfeld des Konsumenten öffentlich zu formen. In jedem Fall hat diese Machtfülle der Wirtschaftskonzerne enorme soziale und politische Konsequenzen.[18]

Angesichts der Realität wirtschaftlich-korporierter Macht ist Galbraiths Theorie des Machtausgleichs kaum mehr als ein Feigenblatt für die Respektabilität der Unternehmen und die liberale Prüderie. Sie ist auf jeden Fall ein hoffnungsloser Versuch, akzeptiert man Galbraiths eigene Auffassung von der Unternehmenspraxis als einer Integration von Produktions- und Verkaufsleistung durch Schaffung neuer Bedürfnisse. Durch Beeinflussung des Konsumverhaltens ist ein Unternehmen in der Lage, eine Ex-post-facto-Bestätigung seiner Inanspruchnahme sozialer Ressourcen zu bekommen, die ja ihrerseits bestimmt sind durch seine internen Arbeitsabläufe. Während es bei der endgültigen Zuteilung sozialer Ressourcen für die Souveränität des Konsumenten nur ein Lippenbekenntnis übrig hat, kann das Unternehmen in der Tat eine allgemeinverbindliche Verteilung sozialer Ressourcen zwischen öffentlichen und privaten Bereichen der Wirtschaft vornehmen. Diese Anmaßung ist politische Realität insofern, als die Forderung nach öffentlichen Dienstleistungen gegenwärtig von den Bedürfnissen jener niedrigen Einkommensschichten ausgeht, die unfähig sind, durch Wettbewerb die sozialen Ressourcen dem privaten Gebrauch höherer Einkommensschichten zu entziehen. Nur im Kontext einer ungleichen Einkommensverteilung, die wie eh und je ein entscheidendes Charakteristikum des Überflußkapitalismus ist, kann man wirklich den Imperativ der Produktion oder, besser, der *relativen Überproduktion für den privaten Bereich* verstehen, der ja seinerseits die weiteren Imperative von Konsum und Manipulation in Bewegung hält. Obwohl der hohe Massenkonsum ein Zeichen der Zeit ist, bleibt es eine Tatsache, daß der Monopolkapitalismus ein Produktionssystem darstellt, das ständig mit dem Problem eines unzulänglichen Konsums, strukturell bezogen auf eine klassenorientierte Einkommensverteilung, konfrontiert ist.[19] Aufgrund dieser allgemeinverbindlichen Beschränkung

---

18 Carl Kaysen, The Corporation: How Much Power? What Scope? und Norton Long, The Corporation, Its Satellites and the Local Community, beide in Edward S. Mason (Hg.), The Corporation in Modern Society, Cambridge (Mass.) 1961, S. 85–105, 202–217.

19 Gabriel Kolko, The American ‹Income Revolution›, in Philip Olson (Hg.), America as a Mass Society, New York 1963, S. 103–116; J. Porter a. a. O., S. 125–132.

auf den ökonomischen Raum des kapitalistischen Systems ist es erforderlich, daß man durch Einrichtung verschiedener Erwartungsebenen und durch Vertiefung des Glaubwürdigkeitsniveaus vom psychischen Raum der arbeitenden Bevölkerung und Konsumenten Besitz ergreift.

Es gibt natürlich Versuche, den ökonomischen Raum des kapitalistischen Systems durch Ausdehnung des öffentlichen Sektors zu erweitern, ebenso durch überseeische Unternehmungen oder durch Vereinnahmung des äußeren Raumes. Aber in keinem Fall führen die Erweiterungen zu einer entscheidenden Änderung in der Aufteilung sozialer Ressourcen zwischen öffentlichem und privatem Bereich. Die beherrschende Position der Konzerne angesichts der Regierungsanstrengungen, das Sozialeinkommen neu zu verteilen, wird augenfällig in der relativen Stabilität der Unternehmensprofite nach Steuerabzug für den Zeitraum der letzten vierzig Jahre[20] als Teil des nationalen Einkommens. Im Grunde genommen benutzt die Regierung die Unternehmen bloß dazu, ihre Steuern zu kassieren, und ist insofern abhängig von deren internen Arbeitsabläufen, die dann auch im wesentlichen realisiert sind, bevor die Regierung ihr eigenes Programm zur Durchführung bringen kann. Man muß in der Tat sehen, daß das Streben nach einer Balance zwischen öffentlichen und privaten Bereichen der kapitalistischen Gesellschaft zunehmend abhängig ist von einer Gleichsetzung der Wohlfahrt mit der Kriegsführung. Die amerikanische Kriegspsychose ist eine deutliche Reaktion auf die zunehmend militärisch orientierte Produktion der Konzernwirtschaft. Die Bedeutung des gesellschaftlichen Ungleichgewichts, hervorgerufen durch Militärausgaben, verschwindet, wenn man es einfach als eine Proportion im gesamten Bruttosozialprodukt auffaßt. Aus dieser Perspektive erscheint ein Zehntel des Bruttosozialprodukts, das die Militärausgaben ausmachen, als nebensächlich und wird leicht von anderen Ausgaben in den Hintergrund gedrängt. Wenn jedoch erst einmal Wirklichkeit geworden ist, daß die Militärausgaben die Hälfte des Gesamthaushalts einnehmen,[21] dann ist klar, daß dieses Problem weder nebensächlich noch

---

20 Irving B. Kravis, Relative Shares in Fact and Theory, American Economic Review 1959, S. 931; Paul A. Baran/Paul M. Sweezy, Monopoly Capital: An Essay on the American Economic and Social Order, New York 1966, S. 148. Die schleichende Steuerhinterziehung der Wirtschaftsunternehmen ist empirisch eindeutig nachweisbar. Zwei kürzlich erschienene Untersuchungen betonen die Aufrechterhaltung einer konstant hohen steuerlichen Investitionsrückzahlung trotz massiver Zunahme der Umsatzsteuer (E. M. Lerner/E. S. Hendrikson, Federal Taxes on Corporate Income and the Rate of Return in Manufacturing 1927–1952, National Tax Journal 9 (1965), S. 193–202; R. E. Slitor, The Enigma of Corporate Tax Incidence, Public Finance 18 (1963), S. 328–352.

21 In dem Rekordbudget der USA von 135 Milliarden Dollar im Jahre 1967 waren 72,3 Milliarden für militärische Ausgaben vorgesehen, eine Summe, die nur von den 81,3 Milliarden des Jahres 1945 übertroffen wird; vgl. Globe and Mail, Toronto, 25. Jan. 1967, S. 1.

leicht korrigierbar ist. Es ist nicht nebensächlich, da es die verarmte Konzeption des öffentlichen Bereichs innerhalb der kapitalistischen Gesellschaft repräsentiert, noch ist es leicht korrigierbar, weil die Suche nach Alternativen zum Haushaltsetat der Regierung eine neue Auffassung zur Balance zwischen öffentlichem und privatem Sektor einschließt, in der die Armseligkeit der liberalen Ideologie zum Vorschein kommt.

Die Institution der Werbung kann man nun verstehen als ein wesentliches Mittel, den ökonomischen Raum des Kapitalismus in einer Weise zu erweitern, die eigentlich unvereinbar ist mit der liberalen Ideologie. Was Galbraith den «Abhängigkeitseffekt» nennt, ist in Wirklichkeit eine politische Wahl, die dann, wenn sie nicht auf die Klassenstruktur der kapitalistischen Gesellschaft sowie auf deren Auswirkungen auf die soziale Ressourcenverteilung zwecks öffentlicher und privater Nutzbarmachung bezogen wird, als der Mythos vom «bösen Geist» erscheint.

«Wäre es so, daß ein Mensch jeden Morgen beim Aufstehen von Dämonen überfallen wird, die ihm eine unbezwingliche Gier einmal nach Seidenhemden, ein anderes Mal nach Küchengeräten, dann wieder nach Nachttöpfen oder nach Orangensaft einflößten, dann hätte man gewiß allen Grund, den Bestrebungen Beifall zu spenden, die darauf abzielen, geeignete Güter, mögen sie noch so wunderlich sein, herzustellen, um diese verzehrende Leidenschaft zu stillen. Wäre es aber so, daß seine Gier nur deshalb erwacht ist, weil er selbst zuerst die Dämonen herangezüchtet hat, und sollte sich außerdem herausstellen, daß seine Bemühungen, die Gier zu stillen, die Dämonen nur zu immer lebhafterer Aktivität anspornten, dann müßte man sich doch wohl fragen, was nun die vernünftigste Lösung sei. Der Mensch, der nicht durch konventionelle Auffassungen beeinflußt ist, wird sich fragen: Mehr Waren oder weniger Dämonen? Wenn die Produktion die Bedürfnisse erzeugt, die sie zu befriedigen sucht, oder wenn die Bedürfnisse im gleichen Schritt und Tritt mit der Produktion entstehen, dann kann die Dringlichkeit des Bedarfs nicht mehr dazu benützt werden, um die Dringlichkeit der Produktion zu rechtfertigen. Die Produktion füllt nur eine Lücke aus, die sie selbst erst geschaffen hat!»[22]

Es ist nicht der Abhängigkeitseffekt als solcher, der für die Irrationalität des Konsumverhaltens verantwortlich ist. Denn in jeder Gesellschaft sind Bedürfnisse in einem hohen Maß kulturelle Erzeugnisse. Das eigentliche Problem ist die Natur der gesellschaftlichen Ordnung, die Inhalt und Struktur der Bedürfnisse bestimmt. Eine Gesellschaft, die darin versagt, die notwendigen Ergänzungen im Verhältnis zwischen öffentlichen und privaten Gütern und Dienstleistungen bereitzustellen, treibt immer tiefer in die Akkumulation privater Annehmlichkeiten, um so die öffentliche Armut zu kompensieren, die jener Prozeß nach sich zieht.

Das Automobil wurde zum wahren Symbol der nordamerikanischen

---

22 J. K. Galbraith a. a. O., S. 169.

Flucht in die private Zurückgezogenheit.[23] Es hat die Innenstädte entleert und das Land entblößt, jeder ging auf im atomisierten Lebensraum der Vorstadt; es ist ein Instrument urbaner Verdichtung und landschaftlicher Verschandelung, gleichzeitig ist das Auto perfekt ausgerichtet auf die Werte technischer Rationalität, privaten Besitzes, individueller Mobilität, Gleichheit der Geschlechter und sozialer Rivalität – ganz besonders aber auf die Werte der liberalen Ideologie sowie diejenigen des Börsenhandels der Konzernwirtschaft. Das Auto ist in entscheidender Weise ein Ausgleich für Spannungen innerhalb der korporativen Kultur. Es macht der Familie Kopfschmerzen und ist zugleich deren Freude, es ist ein Luftverschmutzer, unentbehrlich aber auch für Fahrten in die frische Landluft, es ist ein Mechanismus, um allen Problemen zu entkommen, in die es selbst strukturell eingebunden ist.

Die Rolle des Automobils in der modernen Gesellschaft macht deutlich, daß wir Maschinen nicht länger vom rein technologischen Standpunkt des Herrn über die Natur auffassen können. Wir müssen die Wechselbeziehung zwischen Maschinen und gesellschaftlichen Beziehungen der Menschen nicht nur im Kontext der Maschinenproduktion in Rechnung stellen, sondern in jenem größeren Kontext, in dem Maschinen Stil und Ökologie unseres Lebens strukturieren. Ohne ein solches Verständnis sind wir ständig in dem Wahn, den Kampf mit der Entfernung aufnehmen zu müssen, während doch jene Straße, die sich die ganze Zeit vor uns öffnet, die Distanz ist zwischen einem menschlichen Lebensraum und den kleinen Garagenkästen, die unsere Automobile beherbergen.

Jede Kritik am Auto wird wahrscheinlich als Donquichotterie zurückgewiesen werden. Die Kraft nämlich, auf solche Kritik einzugehen, wurde

---

23 Das Wohnproblem würde die Fragen der Überprivatisierung und der Verarmung des öffentlichen Sektors genausogut illustrieren wie das Automobilproblem, da beides ja zusammengehört. Die Wohnsituation zeigt besonders eindrucksvoll die Tendenz, sogar ausdrücklich öffentliche Funktionen zu privatisieren. «Öffentliche Gelder, die sich auf mehrere hundert Millionen Dollar belaufen, wurden nach dem staatlichen Wohnungsbaugesetz als Bauspardarlehen an Familien der mittleren und höheren Einkommensschicht gezahlt, damit diese sich ein Haus bauen können. Aber nur wenige Familien der niedrigeren Einkommensschicht erhalten dieses Darlehen und von den armen Familien sowieso keine. [. . .] Viele Leute in Europa sehen in dem kanadischen System einen Sozialismus, der die Reichen begünstigt und der die Privatinitiative den Armen überläßt. Der nordamerikanische soziale Wohnungsbau nimmt die Mieter mit niedrigem Einkommen und macht sie zu Empfängern öffentlicher Almosen. Er separiert sie in den Armengettos. Die Europäer hingegen behandeln das Wohnungsproblem als öffentlichen Belang. Es nimmt einen großen öffentlichen Bereich in Anspruch, durch den Wohnungen zum Selbstkostenpreis an Personen breiter Einkommensschichten vergeben werden – und nicht nur an die Armen. Es umfaßt zugleich einen weiten Bereich, in dem Privatinitiative frei und profitabel operieren kann» (G. E. Mortimer, «Canada's Leaky Housing Program», Globe and Mail, Toronto, 5. Jan. 1967, S. 1).

untergraben durch die Kultivierung der geistigen Identifikation mit dem Auto als einer Steigerung individueller Persönlichkeit. Wenn diese Steigerung beim vierrädrigen Menschen seinem Wunsch entsprechend ein bißchen weniger stark ausfällt, so vertieft die offenbare Logik dieser Entscheidung in Wirklichkeit nur die Verpflichtung auf das private Transportmittel als alternatives Gegenstück zum öffentlichen. Das Ergebnis ist eine Kettenreaktion in der Privatisierung anderer gesellschaftlicher Ressourcen, die unmittelbar mit der Automobilkultur zusammenhängen, und das zu einer Zeit, wo wir mehr denn je den Bruch dieses Kreislaufs nötig hätten.

Die Schwierigkeit einer Intervention zum Nutzen des öffentlichen Bereichs ist nirgends besser vernehmbar als bei dem gelegentlichen Aufschrei gegen den Eingriff in die Freiheit des Individuums, die darin besteht, wann, wohin und wo auch immer jene Blechkiste zu kaufen, zu besitzen und zu fahren, die es völlig von der greifbaren sozialen Realität abschließt, während sie es doch gleichzeitig von dieser vollständig abhängig macht. Desgleichen ist der Vorgang öffentlicher Intervention in bezug auf das Automobil bezeichnend für die Armseligkeit der in einer liberalen Gesellschaftsform bestehenden Regierungskonzeption. Das Ergebnis besteht somit darin, daß man die Zunahme öffentlichen Raums mit der Ausdehnung staatlicher Autobahnen verwechselt, die ja ihrerseits immer mehr Automobile schaffen und die Verschiebung urbanen Raums in Richtung auf vorstädtische Örtlichkeiten beschleunigen. Die tägliche Fahrt mit dem privaten Beförderungsmittel wird zur einzigen Verbindung zwischen Arbeitsplatz und Wohnstätte. Schließlich wird die Logik dieser Lebensform durch Fernsehwerbung als eine in sich geschlossene Projektion aufgetischt, in der die Freude an den Vorstadtwerten «gesehen» werden kann am glücklichen Gebrauch des Autos, wenn Kinder zur Schule gebracht werden, die Mutter zum Einkauf, der Vater zur Arbeit und der Hund zum Tierarzt, ohne daß irgendwer sich je wundert, wie es dazu kam, daß alles so weit entfernt liegt.

4. Entfremdung und die Sublimation der Politik

In der industriellen Gesellschaft besteht eine Neigung, Freiheit und Gleichheit eher im Sinn des Konsumverhaltens zu interpretieren, und nicht im Sinn eines politischen Handelns hinsichtlich Natur und Bedingungen von Produktion und Konsum. «Gleichheit für die Arbeiterklasse ist, wie auch Freiheit für die Mittelschicht, ein lästiges, teilweise wieder zurückgewiesenes Nebenprodukt jener Forderung nach exakteren Maßstäben.» [24] Im Kontext des Konzernkapitalismus bläht sich die Rhetorik von Freiheit und Gleichheit nicht länger zu einer kohärenten politischen Ideologie auf, was sie

24 Robert E. Lane, Political Ideology: Why the American Common Man Believes What He Does, New York 1962, S. 60.

ja einst als Strategie bürgerlicher und proletarischer Emanzipation tat. Genauso wie die grausame Freiheit der Marktgesellschaft nicht immer ohne Ausbruchsversuche für die Mittelschicht zu ertragen war, so variierte die Antwort der Arbeiterklasse auf die Marktgesellschaft vom Klassenkampf bis hin zur gedämpften Akzeptierung der Ungleichheit, die durch Verbesserungen am sozialen Fundament entschärft wurde. Diese Ambivalenz in der Antwort auf die Symbole von Freiheit, Gleichheit und Vernunft muß im Sinne eines geänderten sozialen Kontextes verstanden werden, von dem die Nationen ihren Sinn und ihre Bedeutung ableiten. Robert A. Nisbet hat die geänderten Kontexte der Individualität kommentiert.[25] Er stellt fest, daß wir dann, wenn wir vom «Individuum» sprechen, einen Idealtypus gebrauchen oder eine moralische Abstraktion, deren symbolische Geltung abhängig ist von der Existenz eines institutionellen Kontextes, der seinerseits günstig ist für ihre Anpassung an das Alltagsleben. Das liberale Menschenbild, sein besitzorientierter Individualismus, resultiert aus der Einbeziehung der Besitztümer der Marktgesellschaft in das Innenleben des Individuums. Die liberale Theorie von Gesellschaft und Individuum war nur so lange plausibel, wie die historische Situation, die im Liberalismus vorausgesetzt ist, ihr Vokabular der Motive mit den typischen Handlungskontexten wirkungsmäßig verbindet.[26] Wenn sich jedoch erst einmal die Evolution der Marktgesellschaft in Richtung auf eine korporative Gesellschaft hin bewegt, beschwört das Vokabular des Liberalismus nur noch verlorene Kontexte, ruft eine Nostalgie ins Leben, die vom Verlust der Bedeutung heimgesucht ist.

Der Verlust eines bedeutungsvollen sozialen oder öffentlichen Kontextes für die Ideale des Individualismus, der Freiheit und der Gleichheit spiegelt sich im entfremdeten und verworrenen Symbolismus von David Riesmans «Lonely Crowd» oder Paul Goodmans «Growing Up Absurd». Beide Werke konfrontieren uns mit dem Paradox, daß die Gesellschaft frei sein kann, ohne daß die Individuen selbst frei sind. Die liberalistische Gleichsetzung von Individuum und gesellschaftlichen Interessen oder, besser, die liberalistische Auffassung von der Herausforderung und den Chancen, die dem Individuum von der Gesellschaft geboten werden, verfällt zu einer Überzeugung von der Absurdität der Gesellschaft und der Idiotie der Privatisierung als ihrer Konsequenz. Aus Mangel an einem genuin öffentlichen Bereich, in dem die politischen und sozialen Aktivitäten der Individuen zu einem Schwerpunkt und einer historischen Perspektive führen könnten, entsagten die Menschen der Politik zugunsten kleinbürgerlicher Vorstadtangelegenheiten oder für die «Brot-und-Butter-Fragen» der Gewerkschaften. Die Taktik, das Bewußtsein in Richtung auf Verbesserungen des Konsumverhal-

25 R. A. Nisbet a. a. O., Kap. 10; vgl. auch C. B. Macpherson a. a. O., Kap. 1, 2, 3, 6.

26 C. Wright Mills, Situated Actions and Vocabularies of Motive, in: Power, Politics and People: The Collected Essays of C. W. Mills, hg. von I. L. Horowitz, New York 1963, S. 439–452.

tens zu verschieben, lenkte die Aufmerksamkeit vom gesellschaftlichen Ungleichgewicht ab, das aus dem Streben nach Vorteilen innerhalb einer Klasse resultiert und aus dessen Kalkül ganze Bevölkerungsteile ausgeklammert sind. Diese Art des Vorgehens wird weiterhin gestärkt durch ideologische Billigung sozialer Verbesserungen, die eher durch die eskalierende Wirkung einer expandierenden Wirtschaft auf alle gesellschaftlichen Klassen zustande kommt als durch irgendeine radikale Neuverteilung des Klasseneinkommens oder durch Ausweitung der Möglichkeiten zur individuellen Mobilität zwischen den Klassen.

Da individuelles Bewußtsein sich zunehmend auf die Beschäftigung mit dem Konsum hin verschob, wurde ökonomische Erkenntnis reduziert auf das Thema «Preise» unter Vernachlässigung unternehmensinterner Arbeitsabläufe, die eben diese determinieren. Als Ergebnis haben wir den Verlust jeglichen kohärent-ideologischen Bewußtseins für die politischen und ökonomischen Kontexte des individuellen Handelns. Damit ist jedoch nicht das Ende der Ideologie gegeben. Es zeigt sich darin lediglich das Wesen der herrschenden Ideologie des Individualismus, die geformt ist vom Kontext des Konzernkapitalismus. Um mit der Tendenz zu brechen, jegliche individuelle Erfahrung in Geld auszudrücken, und um die individuell-zeitlichen Perspektiven von kurzfristigen Konsumerwartungen abzulenken, ist es notwendig, universalere Zielsetzungen mit kollektiven Langzeitwerten zu institutionalisieren. Solch eine Forderung fällt aus dem Rahmen einer auf sofortige Befriedigung eingestellten Konsumhaltung heraus. Diese setzt eine zerbrechliche Fortschrittskontinuität an die Stelle einer dauerhaften Verdichtung der Sozialgeschichte. Als Resultat haben wir jenes Paradox, das Robert E. Lane wie folgt beschrieb: «Ist es eigentlich so merkwürdig», fragt er, «daß eine Nation, die so stark den Fortschritt betont, keinen Sinn für die Zukunft hat?» «Ich glaube nicht», lautet seine Antwort, denn «Fortschritt ist eine ziemlich zerbrechliche und emotional unbefriedigende Kontinuität. Es ist die Kontinuität der Differenzen, die Gleichmäßigkeit des Maßes der Veränderung, die schon fast ein Maß der Entfremdung ist.»[27] Jede Beschäftigung mit gesellschaftlicher Balance, institutionalisierter Armut und Verschwendung oder auch mit der Wechselbeziehung von Politik, Ökonomie und Kultur setzt einen kollektivgeschichtlichen Rahmen voraus; das aber ist der liberalen Ideologie völlig fremd, die ja aus dem individuellen Wirken und der moralistischen Billigung von Ungleichheit und Versagen innerhalb einer naturgegebenen Ordnung gesellschaftlicher Konkurrenz und privaten Erfolgs besteht.

In einer Gesellschaft, wo die individuellen Interessen so privatisiert worden sind, daß die Leute öffentliche Aktivitäten fürchten und verunglimpfen, werden Gemeinschaftsbemühungen wahrscheinlich nur als Ersatz für Privatbemühungen angesehen. Darüber hinaus fällt jeder Vergleich zwischen öffentlicher und privater Unternehmung im moralischen Sinne zugunsten

27 R. E. Lane a. a. O., S. 290.

der Früchte individueller Anstrengung aus, dank jenes wirklichen Kampfes, in den der einzelne beim Erwerb des eigenen Swimming-pools, des Heims und der eigenen Bildung verwickelt ist. Der Verlust von Gemeinschaftsfunktionen, der aus der Privatisierung gesellschaftlicher Ressourcen resultiert, läßt die individuelle Akkumulation um so «vernünftiger» erscheinen. In Wirklichkeit wird das Individuum nicht aufgrund einer genuinen Wahl dazu gebracht, sondern weil es keine Alternativen hat, für deren gezielte Vorsorge ein öffentlicher Sektor erforderlich wäre, der zudem Einfluß genug hätte, um mit der Privatwirtschaft konkurrieren zu können. Die Bereitstellung von Alternativen bei Verhaltensmustern der Produktion und des Konsums innerhalb einer unternehmensorientierten Wirtschaft geht niemals über die Platitüden der «Auswahlmöglichkeiten» und der Konsumentensouveränität hinaus, die im Grunde genommen bedeutungslos sind, sobald sich die Aufmerksamkeit nicht mehr auf die Vergrößerung des Einkaufskorbes richtet, sondern auf die Frage nach der Qualität einzelner Gegenstände in demselben – wie z. B. beim Brot.[28] Die «Effektivität» der Privatinitiative müßte demnach gesenkt werden durch Einbuße sozialer Energie, die für den Versuch eingesetzt wird, einen «vernünftigen» Laib Brot zu finden (der unromantisch, unverpackt und ungeschnitten ist), und sie erreicht einen absurden Tiefpunkt, wenn das Individuum zum «selbstgebackenen Brot» zurückkehrt oder auch zu irgendeinem Hobby, das als Befriedigungs*ersatz* in der privaten Ökonomie gilt. Die Entstehung parasozialer, parapolitischer und paraökonomischer Aktivitäten ist ein Anzeichen für den Rückzug des einzelnen von der «Gesellschaft». Sie ist Ausdruck eines abgesonderten Individualismus, der die ideologische Alternative darstellt gegenüber einem politischen Handeln zum Vorteil einer Welt, die die Menschen gemeinsam besitzen. Dieser Verlust einer gemeinsamen Welt spaltet die Gesellschaft in eine korporative Hierarchie und in eine Vielzahl von Individuen, die auf sich selbst bezogen bleiben im Wettbewerb und in der Behauptung beruflicher Positionen und die zur gleichen Zeit fremdbestimmt sind beim Versuch, ihren Verlust an Gemeinschaft aufgrund des Strebens nach dem guten Leben – im Stil der «Familie» – zu rationalisieren. Wo es keine gemeinsame Welt zwischen Arbeitsplatz und Privatleben gibt, da ist das öffentliche Leben des Individuums auf Einkaufsausflüge, Kirchen- und Kinobesuche beschränkt, die ihrerseits homogenisiert werden, damit sie zum Familiengeschmack passen; dieser wiederum ist natürlich vorweg abgestimmt auf die Unwiderstehlichkeit des «begüterten Lebens».

---

28 «Ich behaupte, wir machen das schlechteste Brot der ganzen Welt. Wir geben es weg wie falsche unechte Diamanten. Wir preisen es an, sterilisieren und schützen es vor allen Lebenskeimen. Wir haben nicht nur Gott versucht, die Natur überlistet und den Menschen erniedrigt, sondern mit unserem korrupten Lebensstoff auch die Vögel um ihre Luft betrogen» (Henry Miller, The Staff of Life, in: The Intimate Henry Miller, mit einer Einleitung von Lawrence Clark Powell, New York 1959, S. 73–74).

Aufgrund der Beibehaltung jener liberal-individualistischen Familienideologie kommt es dazu, daß die Spannungen personalisiert werden und bestenfalls eine individuelle Therapie erforderlich machen. Jeder Versuch, private Schwierigkeiten auf institutionelle Kontexte zu beziehen, was ein öffentliches oder politisches Handeln nahelegen würde, wird als Projektion angesehen, als ein Umgehen der Schwierigkeiten, die man am besten in den vier Wänden des eigenen Hauses, wenn nicht sogar des eigenen Zimmers in Angriff nimmt. Im Endeffekt sieht es so aus, daß den Menschen die Bezüge fehlen zwischen ihren privaten Lebensformen und der Indifferenz der Öffentlichkeit, von der sie umgeben sind.

«Manche Menschen haben heute häufig das Gefühl, als sei ihr privates Leben voller Fallstricke. Sie spüren, daß sie in der Welt, in der sie täglich leben, nicht ihrer Schwierigkeiten Herr zu werden vermögen, und mit diesem Gefühl haben sie oft durchaus recht: Was die Menschen gewöhnlich unmittelbar wahrnehmen und zu tun versuchen, ist in der Tat in den privaten Bereich eingefaßt, in dem sie leben; ihr Blickfeld, ihre Kräfte werden vom Beruf, von der Familie und der Nachbarschaft eingeschränkt; in anderen Gebieten des Lebens bewegen sie sich dagegen nur stellvertretend und als Zuschauer. Und je mehr sie, und sei es auch nur vage, der Anforderungen und Gefahren gewahr werden, die sich ihrem unmittelbaren Erfahrungsbereich nicht mehr einfügen, um so ungesicherter scheinen sie sich zu fühlen.»[29]

Es ist Aufgabe der politischen und soziologischen Wissenschaft, die privaten Schwierigkeiten der Menschen in den Kontexten öffentlicher Angelegenheiten zu begreifen und dabei für Vermittlungsbegriffe zu sorgen, die die Individuen befähigen, ihr privates Unbehagen in eine öffentliche Sprache und in ein politisches Handeln zu übersetzen. Man müßte damit beginnen, die Kontexte von Freiheit, Gleichheit und Vernunft vom privaten und familiären Sektor auf einen öffentlichen Bereich zu verschieben, der eine genuin gemeinsame Welt konstituiert. Eine solche Aufgabe müßte innerhalb einer Regierungskonzeption artikuliert werden, die ihrerseits kühn genug ist, um auf ein Verstehen und eine verantwortungsbewußte Kontrolle jener humanen und sozialen Werte abzuzielen, die im Rahmen einer korporativen Ökonomie, die die Privatisierung der Lebensformen der Menschen erzwang, entstehen und vergehen. Eine solch positive Regierungskonzeption würde zur Schaffung eines öffentlichen Bereichs beitragen, in dem die Menschen allgemeingültige Überzeugungen miteinander teilen über ihre Moral und ihre gegenständliche Umgebung, Überzeugungen also, die sie einüben im Umgang mit der Wahrheit der Rede sowie der Schönheit der Form, und zwar auf öffentlichen Plätzen, die befreit wurden von ihren jetzigen Denkmälern der Spekulation und der Angst vor der Zukunft, in der sich das private Leben verzehrt.

---

29 C. Wright Mills, Kritik der soziologischen Denkweise, Neuwied 1963, S. 39.

III. Sozialmachiavellismus

Es ist auffallend, daß zu einer Zeit, wo der einzelne mehr denn je dazu bereit ist, die Kontrolle durch solch wichtige gesellschaftliche Institutionen wie Industrieunternehmen, Universitäten und Polizei zu kritisieren und zurückzuweisen, die herrschende soziologische Meinung die Gesellschaft als Gefängnis,[1] Marionettentheater oder Asyl[2] schildert. Darin wird uns erzählt, der einzelne schließe sich selbst freiwillig ein, um institutionelle Dramen der Selbstvernichtung zu inszenieren, die allein heilbar seien durch die pervertierte Transzendenz krimineller Machenschaften, durch Umdeutung der sozialen Stellung, durch geistige Nebenschauplätze sowie durch Stimmen und Taten aus dem gesellschaftlichen Abseits.

Um den soziologischen Begriff vom Individuum zum Verständnis zu bringen, schlage ich vor, zwei aufeinander bezogene Perspektiven in der Soziologie des Ich zu unterscheiden, nämlich das Modell der Orientierungsstruktur des Ich und das seiner Situationsstruktur. Bei meinem Bezug auf das «Orientierungs-Ich» und das «Situations-Ich» werde ich zeigen, daß in der zeitgenössischen soziologischen Theorie diese beiden Aspekte des Ich in einem merkwürdigen Wechsel zwischen planmäßiger Arglist und institutionalisiertem Wahnsinn polarisiert sind.

Was ich das Orientierungs-Ich und das Situations-Ich genannt habe, repräsentiert zwei Perspektiven soziologischer Ich-Theorie, die wie so viele Begriffspaare der Soziologie[3] zu einem falschen Dualismus neigen, wo sie doch in Wirklichkeit ein echtes existentielles Dilemma auszudrücken suchen, mit dem wir bei der Beschreibung menschlichen Verhaltens und sozialer Erfahrung konfrontiert sind.

Das Orientierungs-Ich ist Konstruktion einer Sozialpsychologie, die das individuelle Ich als ontologische Basis für gesellschaftliche Prozesse nimmt und alle Erklärungen sozialer Interaktion zurückbezieht auf ihre individuelle Basis. Das Situations-Ich ist der Gegenbegriff einer Sozialpsychologie, die die logische Priorität gesellschaftlicher Ordnung annimmt und individuelles Verhalten im Sinne seiner Offenheit für soziale Verhaltensmuster erklärt. Dieses Vorgehen behauptet nicht notwendig die ontologische Priorität der

---

1 Peter L. Berger, Einladung zur Soziologie, München 1977.

2 Erving Goffman, Asyle: Über die soziale Situation psychiatrischer Patienten und anderer Insassen, Frankfurt a. M. 1972.

3 Reinhard Bendix/Bennett Berger, Images of Society and Problems of Concept Formation in Sociology, in L. Gross (Hg.), Symposium on Sociological Theory, New York 1959, S. 92–118.

Gesellschaft gegenüber dem Individuum; es behauptet lediglich, daß das Ich, funktional gesehen, nicht aber inhaltlich, ein gesellschaftliches Phänomen sei. Wenn eine der beiden Ich-Perspektiven auf Kosten der anderen bevorzugt wird, erhalten wir Ich-Entwürfe, die entweder um vieles unabhängiger sind von gesellschaftlichen Prozessen, als es in Wirklichkeit der Fall ist, oder weit mehr von der Gesellschaft bestimmt werden, als die Phänomene des Gesellschaftskonflikts, der Abweichung und der gesellschaftlichen Veränderung anzuzeigen vermögen.[4]

Allgemein gesagt, neigt die soziologische Ich-Theorie dazu, die institutionelle Struktur des Situations-Ich zu betonen. Es gibt eine Anzahl von Gründen dafür. So verdankt die Soziologie, historisch gesehen, ihre Existenz jener Abstraktion menschlicher Verhaltensebenen, die irreduzibel sind auf biophysiologische Prozesse, so z. B. in Durkheims klassischer Darstellung der Beziehung zwischen dem Selbstmordphänomen und den Prozessen sozialer Solidarität. Ich vermute, daß Durkheim auch die Quelle ist für jene funktionale Ironie, die zum Stil vieler soziologischer Lehren geworden ist, die auf den Nachweis institutioneller Voraussetzungen des «individuellen» Verhaltens abzielen. Sicherlich, Mertons berüchtigtes Paradigma des abweichenden Verhaltens[5] demonstriert wenigstens für den Laien den vorbestimmten Charakter individueller Rebellion und Anomie. Und endlich, nimmt man die politischen und moralischen Einschränkungen bei radikalen Experimenten zum sozialen und individuellen Verhalten als gegeben an, so ist die Strategie soziologischer Forschung eher ein Beitrag zur Verhaltenskontrolle als eine Umsetzung der Experimente in eine radikale sowohl institutionelle wie personale Veränderung.

Diese Beobachtungen enthalten ein Paradox für die soziologische Denkweise und ihr Verpflichtetsein auf die Werte der Selbstidentität und des kollektiven Selbstverständnisses. Nach Shils' Behauptung ist das soziologische Einfühlungsvermögen einer Entwicklung unterworfen, die im Groben dem Wachstum der moralischen Personalität des Individuums entspricht, ungeachtet der Roheit der Massengesellschaft in neuester Zeit sowie ihrer Tendenz, Technisierung und Entfremdung zu manipulieren.[6] Das Paradox, mit dem wir konfrontiert sind, besteht darin, daß das soziologische Einfühlungsvermögen, das den westlichen Individualismus in seiner handlungsmäßigen Orientierung charakterisiert, dazu beiträgt, den Menschen durch

---

4 Dennis H. Wrong, The Over-socialized Conception of Man in Modern Sociology, Psychoanalysis and the Psychoanalytic Review 49, 2 (1962), S. 53–69; Talcott Parsons, Individual Autonomy and Social Pressure: An Answer to Dennis H. Wrong, ebd., S. 70–79.

5 Robert K. Merton, Social Structure and Anomie, in: Social Theory and Social Structure, New York 1963.

6 Edward A. Shils, The Calling of Sociology, in: Theories of Society, Foundations of Modern Sociological Theory, hg. von T. Parsons, E. Shils, K. D. Naegele u. J. R. Pitts, Bd. 2, New York 1961, S. 1410.

intensive Schocks seines Narzißmus aus dem sozialen Universum zu vertreiben.[7]

Kurz, wollen wir die handlungsmäßige Orientierung des westlichen Individualismus verstehen, so müssen wir ihn im Sinne einer Wechselbeziehung zwischen Transzendenz und verletzter Omnipotenz sehen. Die Tendenz, daß die dialektische Spannung zwischen den Situations- und Orientierungsperspektiven der Ich-Soziologie nachläßt, hat vielleicht ihre Ursache im impliziten Szientismus der Grundlagen moderner soziologischer Handlungstheorie,[8] die ihrerseits bisher die systematische Analyse kognitiver und expressiver Ich-Strukturen innerhalb der westlichen Gesellschaft durchzuführen versucht hat. Die handlungsmäßige Orientierung beinhaltet einen Komplex säkularer Verhaltenstypen und Institutionen, deren zentraler Wert in der Beherrschung der natürlichen und sozialen Umgebung durch den Menschen liegt. In diesem einfachen Sinn ist die handlungsmäßige Orientierung fast identisch mit Wissenschaft oder, besser, mit dem Szientismus. Der Szientismus beinhaltet ein Festhalten an der Wissenschaft in einer Art und Weise, die die Selbsttransformation des Individuums und der sozialen Erfahrung ignoriert, was wiederum eine Folge der Logik wissenschaftlicher Rationalität und ihrer technologischen Beherrschung gesellschaftlicher Prozesse ist.

Es ist modern geworden, westliche Erfahrung im Sinne der Parsonsschen Variablen zu charakterisieren, die als Bestandteile eines gesellschaftlichen Systems angesehen werden, das sich um seine eigene Achse bewegt. Als Alternative könnte man die westliche Welt mit Parsons' Lehrer Max Weber verstehen, der ganz klar durchschaute, daß das Rationalitätsmuster (die Unterordnung der partikularistischen Werte unter die Werte des Universalismus und der erfolgreichen Leistung) nicht nur eine idealtypische Konstruktion des sozialwissenschaftlichen Verstehens ist. Es ist als solches wohl eher die Wahrheit der Subjektivität, so wie sie sich selbst erfährt in den Institutionen, Fabriken, Krankenhäusern und Schulen der modernen Gesellschaft, die ja die traditionellen Gefühlsbindungen durchbrochen hat, um danach eine öde Maschinerie von individuellen Rechten, Eigentum und Vertrag zu kreieren, deren metasoziologische Bedeutung in der Selbsttransformation der menschlichen Natur durch den wirtschaftlichen Markt als Erzeuger von Bedürfnissen und Empfindungsmöglichkeiten liegt.

Die existentiellen Fragen der Soziologie müssen in jedem Zeitalter neu gestellt werden, denn es besteht die Gefahr, Antworten zu wiederholen, lange nachdem die ursprünglichen Fragestellungen vergessen wurden. Heutzutage sehen wir uns der Frage nach den gesellschaftlichen Ursprüngen

---

7 Amitai Etzioni, The Active Society, A Theory of Social and Political Processes, New York 1968, Kap. 1.

8 T. Parsons/R. F. Bales/E. A. Shils, Working Papers in the Theory of Action, New York 1953.

der Rationalität gegenüber. Denn die Vernunft scheint sich ihrer Berufung nicht länger sicher zu sein. Deshalb hatte Max Weber immer einen nostalgischen Hang zu den charismatischen und inspirativen Quellen der Genesis ästhetischer Vernunft. Wenn wir ihn richtig verstehen, so erinnert Weber uns daran, daß westliche Rationalität zum «eisernen Käfig» wird, sobald sie sich selbst von der Unvernunft absondert und die nichtrationalen Werte und Verhaltensweisen in die Gettos des Wahnsinns, des Verbrechens und der Krankheit verbannt. Die Konfrontation der Vernunft mit dem Wahnsinn, den sie «enthält», ist eine notwendige Übung; sie zwingt uns zur Rechtfertigung der Grenzen zwischen Vernunft und Unvernunft, die ihrerseits den Künstler an die Grenze seiner eigenen geistigen Gesundheit drängt und den Wissenschaftler an den Rand seiner Kultur.

Es ist Goffmans großes Verdienst, kürzlich gezeigt zu haben, daß soziologische Vernunft die Unterwerfung unter jene Mächte, die über Wahnsinn und Verbrechen herrschen, riskiert, wenn sie die institutionalisierten Definitionen der gesellschaftlichen Ordnung, der Normalität und Geisteskrankheit naiv akzeptiert. Indem er z. B. den Begriff der «totalen Institutionen» entwirft, eröffnet er ein Verständnis für die Dialektik von Entfremdung und Ausgeliefertsein, die ja beide erfaßt: die Autoritäten und die Klientel jeder Institution. Es wird dabei deutlich, daß Normalität und Geisteskrankheit nicht Monopole einer bestimmten Seite sind. Aus dem gleichen Grund ist die soziologische Vernunft weder auf seiten der Engel noch auf derjenigen des Teufels, und dennoch kann sie sich nicht treu bleiben, außer im Hinblick auf die Frage, was sie selber sei.

In den Schriften von Goffman und Berger wird uns eine ganz neue Lösung des Dilemmas vom Orientierungs- und Situations-Ich angeboten. Sie zerstört die kalte Konformität einer im Unbewußten vollzogenen Revolte, bei Traumarbeit und Ekstase. Hier treffen wir auf Individuen, die noch auf ihre eigenen Leiber hören, die sich ein Leben aussuchen, wo Bewegung ist und wo sie selbst oder andere in jedem Moment gefordert werden. Dies sind die Gehandikapten, die Gezeichneten, die Überredungskünstler, Zirkusdarsteller, die Gehetzten, die sexuell, rassisch und sozial Zukurzgekommenen, deren Welt der Dreigroschenoper einer legitimierten Gesellschaft den Spiegel vorhält. Niemals zuvor war soziales Leben gefährlicher und potentiell selbstzerstörerischer gewesen als in Goffmans Welt der «Von-Angesicht-zu-Angesicht-Begegnungen». Innerhalb dieser Grundsituation der Soziologie muß das Individuum über sich selber aufgrund der Erkenntnis Rechenschaft ablegen, daß die anderen jede leiseste Abweichung im Grad der Spontaneität, Sauberkeit, Ordentlichkeit, Großzügigkeit, Gastlichkeit, Glaubwürdigkeit und Beherztheit bemerken.

In Situationen, wo jedes Individuum auf die Richtung seiner eigenen Planung verpflichtet ist, wo aber Maßstäbe des Vertrauens und der Hilfeleistung in ähnlicher Weise zur Unterstützung des Vorhabens eingeplant werden, dort hängt die Gesellschaft in gefährlicher Weise an den Ritualen der Imagepflege, der Selbsterniedrigung, des Hochmuts und der Vergebung: «Die Gelassenheit, die Antonia zur Schau stellte, indem sie sich in die ‹Zielscheibenrolle› ergab, erfordert als Handlungsfeld die Treffsicherheit eines geübten Schützen wie Hemingway.»[9] Jeder von uns ist das, was er für andere zu sein vermag, jeder Mensch ist Zielscheibe und Schütze,[10] und so taucht in jeder Transaktion, von der einfachsten Begrüßung bis hin zum Kleingedruckten des Vertrags, ein Kalkulationsmoment auf, das uns auf eine geistige Institution verpflichtet und beschränkt. Wir dulden stillschweigend unseren eigenen Sturz, und nur der Mensch, dessen Träume und Vorbilder «emotionslos» sind, kann darauf hoffen «zu bestehen».[11] Nach Goffman ist die gesellschaftliche Ordnung eher ein hoffnungsloses Halten der Stellung gegen eine Vertrauenskrise, die der Von-Angesicht-zu-Angesicht-Interaktion zugrunde liegt. Welche Gewalttat auch immer, es gibt eine Übereinkunft von Täter und Opfer mit dem Ziel, die Tat um der Identität willen, die sie erzeugt, zu fördern.

«Ein Tun vorschreiben bedeutet eine Welt vorschreiben, eine Vorschrift umgehen kann heißen eine Identität verlieren.»[12] Unter dem Gesichtspunkt einer Organisationspraxis, wo den Mitgliedern ihre Identität zugeteilt wird, ob nun Patienten, Häftlinge, Angestellte oder Studenten, besteht die den Individuen einzig erlaubte Zuflucht im Verzicht und in der Verweigerung einer vorgeschriebenen Eigenpersönlichkeit. Das Individuum kann seine Situation und seine offiziellen Vorschriften nur durch Schaffung eines organisationsmäßigen Doppellebens transzendieren, dessen «Versorgungsnetz» ihm erlaubt, sein Image in einer Form zu erweitern, für die in der Institution kein Platz ist.

Man bedenke den Fall eines Patienten in einem modernen Krankenhaus, dessen gesamte bürokratische und rationalisierte Ordnung nur in dem Sinne funktioniert, daß des Patienten Eigenleben von allen personalen Reaktionen und auch Gefühlsregungen zu einer Zeit entkleidet wird, wo sein «Fall» mehr emotionalen Beistand als sonst bräuchte. Unter solchen Umständen riskiert er wahrscheinlich seinen Ruf als guter und möglicherweise als heilbarer Patient, und zwar durch eine Anzahl von Mißbräuchen jener Gesetze, die z. B. unser Anrecht auf rein Persönliches regeln, und das nur, um die Bindung an die größere Welt der Freiheit und Diskretion zu wahren, mit der die persönlichen Angelegenheiten ja eigentlich im Zusammenhang stehen. In Gefängnissen, Schulen und Fabriken nimmt der einzelne unter

---

9 Erving Goffman, Interaction Ritual, Essays on Face-to-Face Behavior, New York 1967, S. 208 (dt.: Interaktionsrituale: Über Verhalten in direkter Kommunikation, Frankfurt a. M. 1971).

10 Erving Goffman, Cooling the Mark Out: Some Aspects of Adaptation to Failure, Psychiatry 15 (1952), S. 451–463.

11 Burton R. Clarke, The Cooling-out Function in Higher Education, American Journal of Sociology 65 (1960), S. 569–576.

12 Erving Goffman, Asyle, a. a. O., S. 193.

ähnlichen Bedingungen Zuflucht zu einer Vielzahl von Reaktionen, angefangen bei der einfachen Regelfindung, um ein System zu entwickeln, bis hin zu den einfallsreichen Techniken, um mit denselben umgehen zu können, was z. B. Spickzettel oder Kassiber erforderlich macht oder irgend etwas, das den einzelnen in die Lage versetzt, Ausbruch oder Zusammenbruch auch unter ungünstigsten Bedingungen als Kurzschlußhandlung hinstellen zu können.

Goffman beschließt seine Beobachtungen zur Mannigfaltigkeit individueller Reaktionen auf eine Organisationskontrolle mit der Empfehlung, daß für soziologische Zwecke das Ich am besten definiert sei als eine «distanznehmende Entität, ein Etwas, das im Hinblick auf eine Organisation seine Position irgendwo zwischen Identifikation und Opposition einnimmt».[13] Das soziologische Ich überlebt als Sitz einer zum Ausdruck gebrachten Distanz, die die Möglichkeiten der Transformation und Loslösung berücksichtigt und somit die dauernde Möglichkeit zur Organisationssabotage, zur Ekstase und zum Tagtraum eröffnet. Nichtsdestoweniger vermute ich, daß Goffmans Darstellung der Rollendistanz, auf die Berger im entscheidenden Maße aufbaut, letztlich ein bitteres Zeugnis ist für dessen unnachgiebigen Kampf gegen die «rührende Neigung, einen Teil der Welt vor der Soziologie in Sicherheit zu bringen».[14]

Bei Berger wird die düstere Szenerie der «Goffmanschen Depression» in eine heitere Phantasie soziologischen Geistes verwandelt. Berger schreibt: «Was für eine Entlastung von gesellschaftlichem Determinismus wäre es, wenn man manchmal seine Sympathie für den Schwindler, den Gauner, den Scharlatan bekundete, die allerdings meistens nur so lange vorhält, wie man selbst nicht der Betrogene ist. Figuren wie diese sind die Symbole eines Machiavellismus, der die Gesellschaft völlig durchschaut und, ungerührt von Illusionen, für seine eigenen Zwecke zu manipulieren versteht.»[15]

Es steckt mehr hinter Bergers Einschränkung des Sozialmachiavellismus als bloß ein Dementi des Unglücks, das darin liegen soll, ebenfalls ein gelegentliches Opfer seiner Praxis zu werden. Denn im Grund können wir, was wir auch immer sagen mögen, eine Lüge oder eine Falschheit nicht leben, ohne unser eigenes Ich zu zerstören und zu spalten. Auch können wir nicht weiterleben ohne das Gefühl, «eins» zu sein mit uns selbst und mit anderen, schon gar nicht in der Welt der Primärbeziehungen, wie Berger selbst in einem äußerst wertvollen Beitrag zu Goffmans Modell der sozialen Interaktion ausführt.[16] Denn wenn das Bedürfnis, eine Distanz zwischen uns

13 Ebd., S. 342.

14 Erving Goffman, Encounters, Two Studies in the Sociology of Interaction, Indianapolis 1961, S. 152 (dt.: Interaktion, Spaß am Spiel, Rollendistanz, München 1973).

15 Peter L. Berger, Einladung zur Soziologie, a. a. O., S. 148.

16 Peter L. Berger/Thomas Luckmann, Die gesellschaftliche Konstruktion der Wirklichkeit, Frankfurt a. M. 1970, S. 153, Anm. 15.

selbst und jeder sozialen Situation oder Rolle, in der wir uns befinden, zu legen, zu einem universellen Bedürfnis wird, dann ist schwer einzusehen, wie wir jemals die Grundlagen der Selbstidentität feststellen könnten. In der Tat, diese furchtbare Erfahrung ist es gerade, von der der Schizophrene berichtet. Sein Sinn für das Übel in ihm selbst und in anderen ist stärker als sein Sinn für personale Identität.[17]

Trotz seiner besseren Kenntnis der naiven Intersubjektivität, die ja die Basis ist für unser Vertrauen in die soziale Realität,[18] schlägt Berger vor, Authentizität zu gewinnen, indem man als passende Verkleidung behandelt, was andere für eine wesensmäßige Identität halten. «Ekstase transformiert unsere Wahrnehmung der Gesellschaft mit anderen Worten so weit, daß aus ‹Gegebenheit› ‹Möglichkeit› wird.»[19]

Der «Sinn für die Möglichkeit», den Berger für sich in Anspruch nimmt, erinnert einen an jene gleiche Qualität in Musils «Mann ohne Eigenschaften». Der Mann ohne Eigenschaften oder ohne eigene Wesenszüge lebt in einer Welt der «Eigenschaften ohne den Menschen»; in ihr sind die Leute unfähig, den eigenen Gefühlen und der eigenen Identität näherzukommen. Derjenige, der es ermöglicht, ist schon von der Anlage her ein Hirnverbrannter, ein Träumer, ein Narr und ein Gott, einer, der die Möglichkeiten der Realität in der Realität der Möglichkeit riskiert. Eines Tages bekommt er einen Schlag ins Gesicht, und jemand geht mit seiner Geliebten auf und davon. «Und da der Besitz von Eigenschaften eine gewisse Freude an ihrer Wirklichkeit voraussetzt, erlaubt das den Ausblick darauf, wie es jemand, der auch sich selbst gegenüber keinen Wirklichkeitssinn aufbringt, unversehens widerfahren kann, daß er sich eines Tages als ein Mann ohne Eigenschaften vorkommt.»[20]

Bei beiden, Goffman und Berger, sind die Situations- und Orientierungsstrukturen des Ich in einer gefährdeten Dialektik von Revolte und Befreiung im Wechsel mit Depressionszuständen, «Weggetretensein»[21] und Ekstase erhalten. Goffmans Insassen untergraben ihre eigene Welt und nehmen an sich und ihren Stigmata eine Umschichtung vor in einer Art Parodie legitimierter sozialer Stellungen, in der sie sich gegeneinander wenden, wo der Blinde den Blinden in eine Scheinsolidarität mit der jungen, weißen, wohl-

---

17 Ronald D. Laing, The Divided Self, A Study of Sanity and Madness, Chicago 1960.

18 Alfred Schütz, Studien zur soziologischen Theorie, Gesammelte Aufsätze, Bd. 2, Den Haag 1972, S. 16; vgl. Harold Garfinkel, Common Sense Knowledge of Social Structures: the documentary method of interpretation in lay and professional fact finding, in: Studies in Ethnomethodology, New Jersey 1967.

19 Peter L. Berger, Einladung zur Soziologie, a. a. O., S. 150.

20 Robert Musil, Der Mann ohne Eigenschaften, Hamburg 1952, S. 18.

21 Erving Goffman, Behavior in Public Places: Notes on the Organization of Social Gatherings, New York 1963, S. 69–75 (dt.: Verhalten in sozialen Situationen, Gütersloh 1971).

geformten und heterosexuellen Welt des gesunden Überflusses führt.[22] Bergers soziologische Ekstatiker, der verlorene Haufen der Randgruppen, Farbigen und Intellektuellen, verachten ihre Volksherkunft, sind zu kosmopolitisch für Familienereignisse wie Geburt, Heirat und Tod, als daß sie davon berührt wären, und ihre befremdete Anwesenheit ist der einzige Weg, den sie haben, um zu zeigen, daß sie ihr «Zuhause» verlassen und «es geschafft» haben, als Gangster, «Karriere-Soziologe» oder als Existentialist.

Weil eben die Geschichte des amerikanischen Verbrechens in vieler Hinsicht die Geschichte der amerikanischen Gesellschaft als einer Gesellschaft der Geschäftemacher ist, gibt es eine einsichtige Analogie zwischen den Institutionen wie Gefängnis und Nervenklinik als «totale» Institutionen auf der einen Seite sowie den bürokratischen Institutionen des sozialen Handelns auf der anderen Seite. In der Tat, die zwei Seiten sind keine getrennten Welten, und wenn das einmal der Fall sein sollte, dann nur, weil die kranke Rolle die letzte Chance der Gesellschaft ist, den Außenseiter dazu zu bringen, sich selbst auf den Weg sozialen Gemeinsinns sowie gesellschaftlicher Aufgaben und Verpflichtungen zurückzuführen.[23] Krankheit und Wahnsinn sind bloß Spiele innerhalb eines einzigen Spiels.

Heutzutage ist das soziale Drama der Selbstidentität als ein Spiel von Insassen eines Gefängnisses inszeniert und aufgeführt, das als solches keine Mauern mehr hat, und zwar deshalb nicht, weil es darauf bauen kann, daß wir uns selbst für jene Verbrechen einsperren, in denen wir die Opfer und die Täter, die Polizei, der Richter und die Vollzugsbeamten sind. Und wenn es überhaupt Licht in diesem Gefängnis gibt, so ist es nur die Illusion eines Lebens draußen, so wie es vom Standpunkt innerhalb der Mauern aus gesehen wird.

Im quälenden Bild der Gesellschaft als einem Gefängnis oder Marionettentheater haben wir eine Symbolisierung der zeitgenössischen soziologischen Antwort auf die existentielle Frage nach den Grundlagen von Freiheit und Ordnung. Das moderne Individuum sieht sich der Herausforderung der Selbstidentität in Form des Organisationsdramas von Gefängnissen, Nervenkliniken, Fabriken, Kriegen, Konzentrationslagern und politischen Säuberungsaktionen gegenüber.

In all diesen Schreckensbildern ist der Mensch selbst das perfekte Opfer. Denn nach dem Tode Gottes kann nur noch der Mensch allein Sühne tun für die bedrohlichen Anzeichen einer Unsicherheit des modernen Fortschritts, der seltsamerweise weder Vergangenheit noch Zukunft hat und deshalb besessen ist von der Idee der Konformität.

---

22 Erving Goffman, Stigma, Notes on the Management of Spoiled Identity, New Jersey 1963, S. 122 u. 128 (dt.: Stigma, Über Techniken der Bewältigung beschädigter Identität, Frankfurt a. M. 1975).

23 Philip E. Slater, On Social Regression, American Sociological Review 28, 3 (1963), S. 339–364.

IV. Zur Politik der Leiblichkeit

Wir wollen die Amerikabesessenheit vermeiden. Mehr als anderes trägt sie zu den häufigen illusionsmäßigen Verallgemeinerungen in unserer Soziologie bei. Sie führt zu einer Praxis, die inzwischen angesichts der amerikanischen Einmischung überall in der Welt zur Norm geworden ist und es erforderlich macht, daß wir entweder unser eigenes Amerikabild konstruieren oder aber uns seinem ohnmächtigen Traum hingeben. Amerika ist kein Ort, um alt zu werden, kein Ort, um arm, farbig, jung oder eine Frau zu sein, Amerika ist überhaupt kein geographischer Ort, sondern ein Geisteszustand, ein Traum, ein Mythos, ein Trip. Für einige ist der Traum real – die Fahrt zum Mond; für andere ist er ein Alptraum: Acid – bittersüß. Genau wie jede andere Gesellschaft auch hat Amerika einen offiziellen Tagtraum, der andere Visionen zu gesellschaftlichen Randerscheinungen macht und sie in das Irrenhaus, die Einsamkeit und ins Gefängnis verbannt. Heute ist sich Amerika nicht länger der Grenzen seiner eigenen Gesundheit sicher, und so bombardiert es sie wahllos: von Vietnam bis Chicago, Berkeley und Kent State. Es gab eine Zeit, wo das Auto die Straßen Amerikas beherrschte, jeder ging nach Westen, jeder allein und alle zusammen nach den eisernen Spielregeln des Individualismus. Heute finden wir Leute in den Straßen der amerikanischen Städte, die den alten Volksenthusiasmus in religiösen und erotischen Zusammenkünften des «politischen Leibes» zu neuem Leben erwecken. Die Polizei zieht sich hinter Schutzmasken, Schlagstöcke, Schußwaffen, Schilde, Wasserwerfer und Tränengas zurück – ja sie rückt sogar im Hubschrauber an. Der Polizist ist sowieso außerhalb des Blickfeldes; nur bei Banküberfällen und Sportveranstaltungen mit körperlichem Einsatz wie Basketball oder Football ist er nachsichtig, einer, der mit offenen Augen von seiner eigenen amerikanischen Jugendzeit träumt und von der Bestimmung aller amerikanischen Männer, Jungen zu bleiben.

Menschliche Verleiblichung ist mehr denn je eine Erfahrung unserer modernen Zeit: sexuelle Freizügigkeit, Politik der Gleichberechtigung der Geschlechter, Völkermord und die Erschütterungen durch Umweltverschmutzung. Ruhm und Elend der amerikanischen Kultur fordern vom menschlichen Leib Tribut, ob nun auf den ersten Reisen durch den Weltraum oder bei der jüngsten Entdeckung, daß Transpiration nicht lokalisierbar ist und deshalb einen Ganzkörperspray erforderlich macht, um so Glück und soziale Sicherheit gemäß nordamerikanischen Werbesprüchen zu steigern. Die leiborientierten Normen des Überflusses machen inzwischen jene kaputt, die in einer Kultur der Jugend altern, die in einer Generation sterben, für die nur der Augenblick zählt, jene auch, deren Haut eine andere Farbe als die weiße hat oder deren Haut sonnengebräunt ist, während die anderen hellhäutig sind, diejenigen, die hungrig und krank sind inmitten von fettleibigen und medizinisch überversorgten Mitmenschen. Der moderne Mensch gedeiht auf Kosten der gesamten Weltbevölkerung, mit der er lediglich aufgrund von Hunger und Elend sentimental verbunden bleibt und der er als Spitze aller Mildtätigkeiten nur noch das Gefühl der Unsicherheit weiterzugeben vermag.

Wir werden in zunehmendem Maße gezwungen, die Werte moderner Erkenntnis zu hinterfragen und uns dem gestauten Wissen über uns selbst und über unsere Beziehungen zu den Mitmenschen zuzuwenden, um so ein Verständnis für die Zeit und die Umstände zu bekommen, mit denen wir konfrontiert sind. Wenigstens im Westen gehört die Unterordnung des Leibes zu einer langen Tradition der Metaphysik und Ethik, die ihrerseits unsere Begriffe von sozialem Verhalten und politischer Ordnung bestimmt haben. Natürlich hat es immer Philosophen, Dichter und Künstler gegeben, die den Körper-Geist-Dualismus ablehnten und einer Harmonie geistiger Verleiblichung huldigten. Heutzutage ist die Kultur der Geist-Leib-Einheit, wie wir sehen werden, Teil eines revolutionären chemisch-psycho-idyllischen Angriffs auf die herrschende Realitätsspaltung von sozial gebundener Energie (Familie, Arbeit) und libidinöser Freiheit. Seit der Emigration des Geistes in die Computerwelt schmachtet der Leib nach neuen Kontakten, Anregungen und neuen sozialen Gruppen, und zum Hunger und zur Krankheit der Alten Welt kommt nun noch das ästhetische Mitleid der Neuen Welt.

Aber für den größten Teil der Leute war es bis vor kurzem üblich, unsere Leiberfahrung zu ignorieren, sie zu verunglimpfen, sie aus dem ganzen Spiel herauszuhalten. Am besten wird sie einem bewußt in den Unausweichlichkeiten von Krankheit und Tod, auf Skipisten oder im Bett. Im allgemeinen beschränkt sich unsere Leiberfahrung auf einen unwillentlichen Mechanismus – durch den sie nicht ganz abstirbt –, oder wir wiederbeleben sie allein in Metaphern oder durch Körpersprache. Seit kurzem jedoch gibt es ein enormes Anwachsen der Literatur über «Leib-Spiele» und Leiberfahrung. Diese Literatur weist alle Anzeichen dafür auf, daß sie wie Kochbücher zum Standard der Haushaltseinrichtung gehört, und zwar, indem sie den Interessenkatalog hinsichtlich dessen, was sich in der Küche abspielt, bis hin zu dem, was im Wohnzimmer und im Schlafzimmer geschieht, vervollständigt. Diese Literatur ist im Augenblick so enorm angewachsen, daß man, um irgendeine Orientierungshilfe zu haben, ihre pseudowissenschaftlichen und anthropologischen Ansprüche zugunsten der existentiellen Frage nach unseren Eigeninteressen am menschlichen Leib[1] vernachlässigen muß.

Wir können unsere Körper mit erhabenen Bewegungen, Gesten, Tanz

1 John O'Neill, Sociology as a Skin Trade: Essays towards a Reflexive Sociology, London 1972. Dieses Buch enthält die meisten jener Aufsätze von mir, auf die in den anderen Anmerkungen weiter unten verwiesen wird.

und Gesang ebensogut schmücken wie mit Kosmetik, Juwelen oder Kleidern. Die Geschichte der Kosmetik beginnt, zumindest genauso wie der Kampf der Geschlechter, mit den Bestattungsriten. Sie hat aber möglicherweise genausoviel zu tun mit den religiösen Funktionen der Ausschmükkung im Ausdruck der Schwelle zwischen dem Religiösen und dem Profanen. In jedem Fall ist der Leib Mittel zur eigenen Transzendierung, zur eigenen «Zustandsänderung», und in diesem Sinne ist sein Außenhorizont ebenso wichtig wie die Veränderung seiner Innenzustände. So geraten z. B. die Teilnehmer einer religiösen Zeremonie auf Machu Picchu aufgrund eines außergewöhnlichen Naturhintergrunds in Verzückung, und dies muß ebenso wie die Wirkungen von Wein oder Drogen bei der Feststellung einer Verbindung zwischen Verleiblichung und Ekstase in die Überlegung einbezogen werden. Noch einmal, ob er nun Ausdruck ist für die Schwelle zwischen Religiösem und Profanem oder derjenige für die Grenzen zwischen Gesellschaftsklassen, Statusgruppen und Kasten, der menschliche Leib ist durch die Vielfältigkeit seines physischen Verhaltens, seiner Kleidungs- und Lebensgewohnheiten hindurch in jedem Fall das wesentliche Instrument, um die soziale und kosmologische Ordnung, der wir angehören, auszudrücken.

Diese Beobachtungen sollen dazu dienen, die *kosmologischen* und *sozialen* Dimensionen der leiblichen Transzendenz zu beschreiben und sie abzusetzen von dem, was wir ihre *technologischen* und *individuellen* Dimensionen nennen können, die ja ihrerseits im Mittelpunkt jener Literatur zur Geschichte menschlicher Sexualität, ihrer Technik und Politik stehen. Dies ist natürlich eine typisierende Unterscheidung, die ich benutze, um meinen eigenen Sinnbezug zu jenen Ordnungen leiblicher Erfahrung zu vermitteln, wie wohl auch, um damit der soziologischen Verallgemeinerung zu genügen. In Wirklichkeit nimmt die technologische Literatur Rücksicht auf die kosmologische und soziale Erfahrung, und zwar, weil sie zum eigenen Vorteil versucht, jegliche Angriffe auf ihre Außenseiterrolle zu vermeiden, unter anderem, indem sie zeigt, daß es auf sexuellem Gebiet nichts Neues mehr unter der Sonne gibt, und zudem eine Weltverbrüderung verspricht, sobald sexuelles Stellungsspiel und Vibratoren gut genug beherrscht werden. Nachdem man die Unterscheidung von *kosmologischer* und *technologischer* leiblicher Ordnung vollzogen hat, wird es notwendig sein zu verstehen, daß in der Praxis beide Literaturformen ihren Lesern als Übungen in der *Politik der Leiblichkeit* dienen können, bei der man ihrerseits notwendigerweise *kollektive* und *individuelle* Ideologien implizit in ihren jeweiligen Grammatiken unterscheiden muß. In dieser vorliegenden Untersuchung werde ich nicht die sogenannte «sexuelle Revolution» behandeln, zumal es sich nach der Unterscheidung, die ich gerade getroffen habe, bei vielem in ihr um individualistisch-technologische Lösungsversuche zur Erreichung des Orgasmus handelt. Im einzelnen greift diese ja erneut auf die Rhetorik des Besitzindividualismus zurück, reduziert den libidinösen Leib auf eine fetischisierte Privatheit und praktiziert im Grunde genommen den Verzicht auf «die Frucht der Liebe».

Um uns über die Strukturen leiblicher Erfahrung klarer zu werden, müßten wir wenigstens die gängige und landesübliche soziologische Darstellung von ihr im Ausgang von Freud und Marx weiterentwickeln. Allgemeiner gesagt, jede Gesellschaft muß sich mit dem Zivilisationsproblem auseinandersetzen, das in einer Dialektik der Umsetzung ihrer libidinösen Energien besteht. In einem höchst ökonomischen Sinne ist dieses Problem unter wechselnden historischen Bedingungen gelöst worden, und zwar durch Transformation der anaklitischen Mutter-Kind-Bindung in ein gesellschaftlich sanktioniertes Verhaltensmuster von erfüllter und durchgehender, d. h. emotional und physisch maximaler Befriedigung. Die Umwertung der Mutter-Kind-Bindung in die Ordnung der gesellschaftlichen Arbeitsteilung, andererseits verschiedentlich Gegenstand des Verwandtschaftssystems sowie rationaler Gesetzessanktionen, ist allein nur aufgrund der im hohen Maße *symbolischen* Natur der menschlichen Verleiblichung und Reproduktion möglich. So werden die Traumen von Vereinigung und Trennung reproduziert in der symbolischen Sprache psychischer und politischer Ordnungen und sorgen dadurch für die fundamentalen Kategorien der Entfremdung, des Austauschs und der Gemeinschaft.

Die Themen von Herrschaft und Befreiung sind Hauptthemen der modernen Politik der Leiblichkeit, inspiriert von Grundeinsichten Marxens und Freuds. Bei beiden ist grundlegend, daß die menschliche Kultur, Politik und Ökonomie auf den menschlichen Leib oder auf die Vermenschlichung des Leibes bezogen sind. Sie betrachteten die Vermenschlichung des Leibes als einen historischen Prozeß,[2] der sich auf das Ideal eines polymorphen Spiels menschlicher Sinnlichkeit hin bewegt, einer Sinnlichkeit, befreit von der Herrschaft genitaler Sexualität, die ihrerseits durch die Familie an eine ökonomische Organisation und an die Politik der Klasse und der Erwachsenen gebunden ist. Im «eindimensionalen Menschen» hat H. Marcuse die Beziehung formuliert zwischen den Formen sozioökonomischer Organisation, in die die Beherrschung der äußeren Natur eingekleidet wird, und der inneren soziopsychischen Organisation des individuellen Ich. Er behauptet, Freuds Hypothese von den ödipalen Ursprüngen sowie der Perpetuierung der Schuld sei eine psychologische Version einer größeren soziologischen Dynamik, in der die individuelle Triebverdrängung anonym verallgemeinert ist, und zwar durch ein Aufgehen in einer hierarchisch gegliederten, ökonomischen und politischen Teilung der Arbeit. Mit anderen Worten, die Logik der Herrschaft, die Freud in den Triebvorgängen lokalisierte, muß ebenfalls verstanden werden als ein

2 John O'Neill, History as Human History in Hegel and Marx, in Jean Hyppolite, Studies on Marx and Hegel, übers., kommentiert und mit einer Bibliographie versehen von John O'Neill, New York 1969.

historischer Prozeß, der seine universalste Form in den Prozessen technologischer Rationalität erreicht.

«Bei allem Wechsel ist die Herrschaft des Menschen über den Menschen in der gesellschaftlichen Wirklichkeit noch immer das geschichtliche Kontinuum, das vortechnische und technische Vernunft verbindet. Jedoch ändert die Gesellschaft, welche die technische Umgestaltung der Natur entwirft und ausführt, die Basis der Herrschaft, indem sie allmählich die persönliche Abhängigkeit (des Sklaven vom Herrn, des Leibeigenen vom Grundherrn, des Herrn vom Lehnsherrn usw.) durch die Abhängigkeit von der ‹objektiven Ordnung der Dinge› (von ökonomischen Gesetzen, vom Markt usw.) ersetzt. Freilich ist die ‹objektive Ordnung der Dinge› selbst ein Resultat der Herrschaft, aber bei alledem ist wahr, daß die Herrschaft jetzt eine höhere Rationalität hervorbringt – die einer Gesellschaft, die ihre hierarchische Struktur beibehält, während sie die natürlichen und geistigen Ressourcen stets wirksamer ausbeutet und die Erträge dieser Ausbeutung in stets wachsendem Größenverhältnis verteilt.»[3]

Marcuses Analyse zur Logik der industriell entwickelten Gesellschaft spielt eine wesentliche Rolle in der Selbsterkenntnis der Verfechter einer leiborientierten Politik. Marcuse hatte ein Bewußtsein geschaffen für die kosmologische, psychische und politische Seite der Herrschaft, die alle drei jeweils durch scheinbar zivilisierte Handlungen einer hinter Glas und Stahl residierenden Unternehmensbürokratie durchgesetzt werden.

«Die repressive Triebverwandlung wird zur psychologischen Grundlage einer *dreifachen Herrschaft*, sobald sich die Kulturgesellschaft verfestigt hat: erstens einer Herrschaft über sich selbst, über die eigene Natur, über die sinnlichen Triebe, die nur Genuß und Befriedigung wollen; zweitens einer Herrschaft über die von den so disziplinierten und beherrschten Individuen geleistete Arbeit; und drittens einer Herrschaft über die äußere Natur: Wissenschaft und Technik.»[4]

Gemäß der dreifachen Herrschaft über Natur, Gesellschaft und Mensch definieren sich die drei Gebiete des gegenkulturellen Angriffs auf die korporative Gesellschaft. Auf jedem dieser drei Gebiete stammt das wechselseitige Einbrechen kosmologischer, biologischer und politischer Repression aus einer Symbiose von bürokratischer Rationalität und Gewalt, die den Rahmen bildet für die moderne Politik der Erfahrung. Dies ist die Matrix dessen, was wir «Politik der Leiblichkeit» nennen.

Bisher sorgte der Rationalitätsbegriff für die beherrschende Stellung der Produktion sowie für die Aufrechterhaltung der institutionalisierten Ordnung; alternative Gesellschaftskonzeptionen erschienen als utopisch oder irrational. Die repressiven Funktionen korporativer Rationalität[5] führten

---

3 Herbert Marcuse, Der eindimensionale Mensch, Neuwied 1967, S. 159.

4 Herbert Marcuse, Psychoanalyse und Politik, Frankfurt a. M. 1968, S. 17–18.

5 John O'Neill, Öffentlicher und privater Raum, siehe Kap. II dieses Buches. Die

jedoch unausweichlich zur Suche nach einem neuen politischen Symbolismus, dessen dominierendes Sinnbild von einer intensiveren Analyse zum klassischen Begriff des «politischen Leibes» vermittelt werden kann. Der «politische Leib» ist die fundamentale Struktur des politischen Lebens; er stellt die Basis dar für einen letzten Appell in Zeiten tiefgehender institutioneller Krisen, von Hunger und Entfremdung, Zeiten, wo es notwendig wird, die primitiven Bindungen politischer Autorität und des sozialen Konsenses zu erneuern. Der Appell an die Logik des Leibes, des menschlichen und des politischen Leibes, enthält eine Kritik an der Legitimität technologischen und bürokratischen Wissens, und zwar gemäß den Werten des «common sense», der sinnlichen Erkenntnis sowie denen der Straße und der Parks.[6]

Hannah Arendt diskutiert die historischen Ursachen zur Krisis der Autorität im Westen so, daß es die Tendenz der Erkenntnisstrategie sei, zur Gewaltanwendung zu degenerieren, wodurch die erotischen und libidinösen Bindungen der staatlichen Gemeinschaft geschwächt werden. Ich werde diese Argumentation in Kürze entwickeln, um so für einen historischen Rahmen und eine historische Kontinuität zu sorgen, die uns in die Lage versetzt, zeitgenössische Ereignisse und Szenarien des «politischen Leibes» in seinem Kampf gegen die Herrschaft technischer Rationalität zu verstehen. Diese Argumentation wird darüber hinaus dazu dienen, Marcuses These im Sinne der klassischen Grammatik politischer Philosophie zu illustrieren.

Für die Griechen war der menschliche Körper ein Symbol der politischen Ordnung, und zwar, weil eine gewisse Analogie besteht zwischen der Harmonie, die im Leben des einzelnen verkörpert ist, und der korporativen Ordnung, die das Leben des «politischen Leibes» ausmacht. Die Analogie des «politischen Leibes» hinsichtlich der platonischen Diskussion um die inneren Grundlagen von Autorität und Vernunft innerhalb der Polis kann nicht als reiner Zufall gewertet werden. In der «Politeia» liegt diese Analogie in der Tat jenem Übergang zugrunde, ausgehend von der «poetischen Politik», die auf der Idee des Schönen basiert, hin zu einer Politik im eigentlichen Sinne, die bestimmt ist durch die Idee des Guten. Platons Erörterung in den ersten Büchern der «Politeia», in denen er zwischen der «ursprünglichen» und einer zweiten Gemeinschaftsform oder auch zwischen der *organischen* und der *empfindungsmäßigen* Ebene des «politischen Leibes» unterscheidet, ist orientiert an der Idee des Schönen oder auch am *libidinösen politischen Leib.* Erst im sechsten Buch wendet sich Platon ab von einer Politik des Seins

---

Analyse der Erfahrungsstruktur in dieser frühen Untersuchung sollte ergänzt werden durch jenes Vokabular der Erfahrung, wie es im Begriff der leiborientierten Politik zum Ausdruck kommt.

6 John O'Neill, Authority, Knowledge and the Body Politic, The Southern Journal of Philosophy, 8 (1970), S. 255–264. Mit meinem jetzigen Argument beziehe ich mich auf diese Untersuchung.

hin zu einer auf der instrumentalistischen Vernunft basierenden Politik des Nützlichen. Arendt behauptet, daß der Philosoph im Höhlengleichnis sich auf die Suche nach der Wahrheit des Seins macht, ohne an die Rückkehr mit der Absicht zu denken, die Wahrheit seiner Schau an andere Menschen weiterzugeben. Nur unter Zwang kehrt der Philosoph zur Erde zurück, um dort seine kontemplative Vision von den Ideen des Schönen, Guten, Wahren und Gerechten in Form einer Analogie mit technisch-regulierenden Künsten erneut auszulegen.

«Denn die ursprüngliche Funktion der Ideen bestand nicht darin, das Chaos menschlicher Angelegenheiten zu beherrschen oder sonstwie zu bestimmen, sondern sie bestand in ihrer ‹strahlenden Helle›, um so Licht zu bringen in die Dunkelheit jener Angelegenheiten. Als solche haben die Ideen absolut nichts mit Politik, politischer Erfahrung oder dem Problem des Handelns zu tun, sondern gehören ausschließlich zur Philosophie, zur Erfahrung der Kontemplation und zur Suche nach dem ‹wahren Sein› der Dinge. Ordnen, Messen, Subsumieren und Regulieren sind jenen Erfahrungen gänzlich fremd, die der Ideenlehre in ihrer ursprünglichen Konzeption unterliegen. Es scheint, daß Platon der erste war, der Anstoß nahm an der politischen ‹Irrelevanz› seiner neuen Lehre, und so versuchte er, die Ideenlehre dahingehend zu modifizieren, daß sie für eine Theorie der Politik brauchbar wurde. Aber Brauchbarkeit konnte man nur durch die Idee des Guten gewinnen, weil nämlich ‹gut› im griechischen Vokabular immer ‹gut zu› oder ‹tüchtig› meint. Wenn die höchste Idee, an der alle Ideen teilhaben müssen, um überhaupt Ideen sein zu können, die der Tüchtigkeit ist, dann sind die Ideen brauchbar gemäß Definition, und in den Händen der Philosophen – der Ideenexperten – werden sie zu Regeln und Maßstäben oder zu Gesetzen, wie später im gleichnamigen Werk Platons.»[7]

Es kann hier nicht meine Aufgabe sein zu zeigen, wie diese instrumentalistische Konzeption der Rationalität die Geschichte sozialwissenschaftlicher Erkenntnis und ihre innere Dialektik von Herrschaft und Anerkennung bestimmt hat.[8] Es muß genügen, die Isomorphie aufgezeigt zu haben zwischen den dreifachen Strukturen der Herrschaft, wie sie von Marcuse analysiert worden ist und auf die wir Bezug genommen haben, sowie der gegenwärtigen Dreierstruktur politischer Erfahrung, in der die Bedürfnisse des organischen «politischen Leibes» (die ursprüngliche Gemeinschaftsform) hineinspielen in die Dialektik von Entfremdung (die empfindungsmäßige Ordnung utilitaristisch-instrumentalistischer Ratio-

7 Hannah Arendt, What is Authority?, in: Between Past and Future: Six Exercises in Political Thought, London 1954, S. 112–113.

8 John O'Neill, The Hobbesian Problem in Marx and Parsons, in: Explorations in General Theory in the Social Sciences, hg. von Jan J. Loubser u. a. (dt. in Vorbereitung); vgl. auch meinen Aufsatz The Responsibility of Reason and the Critique of Political Economy, in: Phenomenology and the Social Sciences, hg. von Maurice Natanson (dt. in Vorbereitung).

nalität) und Transzendenz des libidinösen «politischen Leibes» (nach der Idee des Schönen).

Auf der Basis dieser allgemeinen Hinweise auf den Konflikt zwischen einer Politik, die in einer instrumentalistischen Rationalität gründet, und einer Politik der Leiblichkeit, in der die organischen und libidinösen Ursprünge der Vernunft erhalten sind, will ich nun den Stil zeitgenössischer politischer Vorgänge betrachten.[9] Zeitgenössische Politik der Leiblichkeit ist *Politik in der Form der Jugenddelinquenz.* Auf den ersten Blick scheint das ein Bruch mit der Tradition politischer Philosophie zu sein; und dennoch gibt es eine Linie mythischer Kontinuität zwischen der Urhorde, dem Plebejerauszug aus Rom, dem «Gesellschaftsvertrag» und den «Be-ins», die in Woodstock und Strawberry Fields ihren Höhepunkt hatten.

«Politik hervorgegangen aus der Delinquenz. Brüder einig im Zeichen des Verbrechens. Alle gleich als Sünder. ‹Um die Bevölkerung zu vergrößern, ging Romulus nach dem Modell anderer Städtegründer vor; er eröffnete ein Asyl für Flüchtlinge. Der Mob, der kam, war der erste Schritt zur künftigen Größe der Stadt.› ‹Der Nachlaß der Sünden, der uns zu Bewohnern des Himmelreichs macht, wurde schon leicht angedeutet, als Romulus die ersten Bürger seiner Stadt um sich versammelte, indem er für eine Vielzahl von Verbrechern eine Zufluchtsstätte schuf und ihnen Immunität gab.› Das Himmelreich ist gleichfalls ein Asyl für Flüchtlinge. Oder, wie es die Denker der Vertragstheorie sehen, der Gesellschaftsvertrag etabliert eine korporative Kraft als Asyl für individuelle Sünder, schafft eine unmoralische Gesellschaft aus unmoralischen Menschen, Menschen, deren Naturveranlagung nach Hobbes und Freud darin besteht, Mörder zu sein. Der Gesellschaftsvertrag etabliert den allgemeinen Willen, dem Willen eines jeden einzelnen entgegenzuwirken; jener allgemeine Wille, den Freud das Über-Ich nannte. Das Über-Ich ist ‹über› dem individuellen Ich; ebenso wie das Verbrechen, ist auch das Bewußtsein ein kollektives.»[10]

Heutzutage ist Gewalt im großen und ganzen die Gewalt industrieller Gesellschaften. Dies ist nicht augenfällig für eine Überflußkultur, die sich zu Hause auslebt und sich für das, was draußen vorgeht, nicht zuständig fühlt. Noch gibt es dunkle Seiten wie Rassismus, Kolonialismus und Getto, von denen man auch nicht durch den Konflikt mit Rußland oder China ablenken kann; diese Zustände werden dadurch eher noch hinausgezögert. Es bedeutet weiterhin eine stillschweigende Übereinkunft, jede Bedrohung der amerikanischen gesellschaftlich-ökonomischen Ordnung so zu entäußern, daß Ausdrücke wie «Krieg gegen die Armut» dazu benutzt werden, den endemischen Charakter von Armut und Rassismus innerhalb der amerikanischen Gesellschaft zu verdecken. Unterhalb solcher Ausdrücke ist es möglich, die

9 Susan Sontag, Happenings: An Art of Radical Juxtaposition, in: Against Interpretation and Other Essays, New York 1969.

10 Norman O. Brown, Love's Body, New York 1965, S. 15–16.

zugrundeliegende Gewalt gesellschaftlicher Übereinkunft aufzuspüren, die systematisch große Bevölkerungsteile ausschließt, um sich dann mit missionarischem und kolonialistischem Eifer um sie zu kümmern. Es gibt allerdings Anzeichen, daß das «amerikanische Modell» seine Kraft, zu kooptieren und zu beeindrucken, verliert. Der amerikanischen Gewalt wird entgegengetreten mit der Gewalt im eigenen Land und auch im Ausland. Es existieren interne Bewegungen, die mit dem korporativen Realitätsprinzip dadurch gebrochen haben, daß sie das großartige Amerikaritual hinterfragen, belächeln oder sabotieren. Das Phänomen der Gewalt in den Gettos, auf den Universitätsgeländen und in den Straßen, jene auch der Massendemonstrationen und Sit-ins in den Büros der Verantwortlichen basiert auf der grundlegenden Logik des «politischen Leibes», das Unerträgliche nicht ertragen zu wollen, nicht unter unmenschlichen Anerkennungsverweigerungen leiden zu wollen sowie in höchster Not «zusammenzustehen», so daß die Verantwortlichen «sehen» können, was das Volk will. Dies ist eine greifbare Logik, die vorideologisch ist und auf dem einfachen und eingefleischten Glauben der Männer und Frauen an die Erneuerung von Gerechtigkeit und Gemeinschaft basiert. Sie wird praktiziert unter freiem Himmel auf großen Meetings, und zwar deshalb, weil sie mit der Privatisierung der Erfahrung und des Vorstadtlebens bricht, die ja ein heiliges Gesetz der liberalen Ordnung ist. Ihr Schauspiel macht deshalb auch einen «irrationalen» und gewalttätigen Eindruck auf eine liberale Ideologie, in der die Zweierkonstellation entweder eine Menschenmenge oder einen Kampf bis aufs Messer bedeutet. In der Tat, die Spitze an Ironie wäre es, wenn die Gewalt der Leute, die von den historisch meist hochentwickelten Techniken der Rationalität hervorgerufen wird, einer primär aggressiven Natur angelastet würde, die es der Zivilisation niemals gestattete, mehr als nur etwas Oberflächliches zu sein. Aber der Versuch, Gewalt einzuschränken, der den «politischen Leib» von Zeit zu Zeit auf seine Biopolitik fixiert, kann nur da erfolgversprechend sein, wo die Enthumanisierungsprozesse den Menschen in tiefste Sklaverei und schimpfliche Mißhandlung gestürzt haben. Nur da, wo die Menschen keine Möglichkeit zum Handeln haben, stirbt ihr Gefühl für Ungerechtigkeiten, ihre Wut auf veränderbare unmenschliche Bedingungen oder richtet sich gegen sie selbst. Kurz, Gewalt und Zorn müssen als wesentliche Motive in der Struktur der leiborientierten Politik verstanden werden, und zwar so lange, wie die festen Formen politischen Verhaltens offen sind für menschliche Initiative und den Ruf nach Freiheit und Gerechtigkeit. So hat Hannah Arendt kürzlich vor der Tendenz gewarnt, die menschlichen Emotionen in Opposition zu setzen zur «Rationalität», wo doch in Wirklichkeit diese Emotionen nur «irrational» werden, wenn sie spüren, daß die Vernunft selbst entstellt ist.[11] In der Tat, vieles von dem, was gegenwärtiges Denken mit der «Maske» der leiborientierten Politik entstellt, ist nichts anderes als

11 Hannah Arendt, Macht und Gewalt, München 1970.

der Exzeß einer humaneren Vernünftigkeit, von dem Bedürfnis getrieben, den leeren Schein einer etablierten Denkweise herauszustellen.

Fanon und Cleaver, die schwarzen Poeten der leiborientierten Politik, haben sehr genau gezeigt, wie der Sprachgebrauch des Geist-Körper-Dualismus zur Grammatik rassischer Ausbeutung und kolonialer Revolte paßt.

Cleaver erfaßte instinktiv die Geist-Körper-Bindungen, die die ideellen und materiellen Ordnungen amerikanischer Zivilisation auf den Kopf zu stellen drohen. «Wenn die Trennung zwischen schwarzen und weißen Menschen in Amerika nach der Farbigenschranke in Begriffen der sozialen Bildersprache die Wirkung hätte, das Gehirn vom Körper zu trennen – die unterdrückenden Weißen reißen die Souveränität an sich, indem sie das *Gehirn* für sich beanspruchen, dem *Körper* entsagen und zu körperlosen Allmächtigen Administratoren und Ultrafemininen Frauen werden; die unterdrückten Schwarzen, die ihrer Souveränität und folglich ihres *Gehirns* beraubt sind, erscheinen als *Körper* und werden zu hirnlosen Supermaskulinen Knechten und Schwarzen Amazonen –, wenn dies zutrifft, dann war die 1954 gefällte Entscheidung des Bundesgerichtshofs im Fall «Brown v. Board of Education» – die das Prinzip der Rassentrennung in den öffentlichen Schulen aufhob und die eigentliche Wurzel, die Praktiken der Trennung, im allgemeinen traf – eine große chirurgische Operation, die von neun Männern in schwarzen Roben an der rassischen Maginot-Linie ausgeführt wurde, die so tief wie Sex oder Habsucht in die schismatische Psyche Amerikas eingegraben ist. Dieser Akt sozialer Chirurgie, der in einem Land, in dem Gott tot ist und die Verfassung seit 180 Jahren im Koma liegt, außer mit der Hilfe Gottes und der Verfassung ohne Betäubungsmittel durchgeführt wurde, könnte, wenn er erfolgreich ist, großartiger als eine Herzverpflanzung sein, denn er bedeutete die Rückverpflanzung des *Gehirns* in den *Körper* und umgekehrt.»[12]

Schlechter noch für Amerika ist die Vorherrschaft des weißen Mannes; es war ein Black Muslim, der ihre Ängste enthüllte: Muhammad Ali, der Dichtung deklamiert, die so leicht schwebt wie ein Schmetterling und so sticht wie eine Biene. Seit Cassius Clay die Dichtkunst beeinflußt hat, ist das «Wort» nicht länger ein weißer Besitz, der dazu dient, den Schwarzen die Lektionen des Gehorsams, den weißen Rassen- und Klassendualismus sowie die Trennung von Geist und Körper beizubringen.

Ebenso wie Cleaver hat auch Fanon die Gabe, die Struktur des rassistischen Geist-Körper-Dualismus als einen Horizont zu enthüllen, als eine Sprache, einen Traum des Leibes, in dem Schwarze und Weiße sich gegenüberstehen als jeweils zwei Seiten einer einzigen Seele. In der Traumvorstellung des weißen Mannes figuriert der schwarze Mann als eine Lebenskraft, die in ihm selbst versiegt. In seinem eigenen Traum träumt der schwarze

12 Eldridge Cleaver, Seele auf Eis, München 1969, S. 220–221.

Mann davon, daß alles, Sprache, Erkenntnis, Macht und Schönheit, weiß ist und von ihm selbst nur beschmutzt wird. Somit brauchen der Schwarze und der Weiße jeder die Gewalt des anderen. «Die Beziehung zwischen dem Kolonialherrn und dem Kolonisierten ist eine Massenbeziehung. Der Zahl setzt der Kolonialherr seine Stärke entgegen. Der Kolonialherr ist ein Exhibitionist. Sein Sicherheitsbedürfnis führt ihn dazu, den Kolonisierten mit lauter Stimme daran zu erinnern: ‹Der Herr hier bin ich.› Der Kolonialherr hält beim Kolonisierten eine Wut aufrecht, die er am Ausbrechen hindert. Der Kolonisierte ist in die engen Maschen des Kolonialismus eingezwängt. Aber wir haben gesehen, daß der Kolonialherr nur eine Pseudoversteinerung erreicht. Die Muskelspannung des Kolonisierten befreit sich periodisch in blutigen Explosionen: Stammesfehden, Çof-Kämpfen, in denen sich ganze Gruppen von Einheimischen aufreiben, und Schlägereien zwischen einzelnen.»[13]

Im Kontext dessen, was wir die Symbiose von korporativer Rationalität und Gewalt nannten, müssen wir versuchen, die Rhetorik kreativer und therapeutischer Gewalt sowie die Erneuerung des «politischen Leibes» zu verstehen, wobei wir seine gelegentlich fruchtlosen Versuche akzeptieren, genauso wie auch die Gefahren des Exzesses, der dann immer weiter wegführt von den eigentlichen Zielsetzungen. Es ist wichtig, den potentiell antipolitischen Charakter der Gewalt anzuerkennen, zumal es eine übliche Methode von «Recht und Ordnung» ist, Gewalt ausschließlich in einem antipolitischen Sinne zu definieren; sie wird dadurch in den Terrorismus getrieben, in hoffnungslose Versuche, die politische und soziale Ausklammerung jener Probleme wie Armut, Rasse und Krieg zur Schau zu stellen. Dieser Zirkel wird andererseits dort noch verschlimmert, wo die Macht des Establishments durch eine Bürokratie ausgeübt wird, die in zunehmender Weise die Bedeutungs- und Handlungskontexte privatisiert, den politischen Bereich unterminiert und inhaltlich entleert. Das Ergebnis ist häufig eine gewisse pathologische Symbiose zwischen bürokratischer Rationalität und der Flucht in den Ausdruck und die Darstellung kreativer Gewalt, geistiger Trips und Utopien des Gemeinschaftsdenkens, die ihrerseits eine genuin politische Sprache und ein gesellschaftlich verantwortliches Handeln zerstören.

An diesem Punkt könnte man die Problemstellung im Sinne eines Arguments formulieren, das in der Mitte liegt zwischen Herbert Marcuse und Norman O. Brown. Die Frage ist, ob Gewalt und Straßengrotesken wie «Strich», «Straßenkunst» und «Hippiekluft» eher zu dem gehören, was Marcuse repressive Entsublimierung nannte, oder zu Norman O. Browns Politik der Offenbarung und Wiederbelebung des «libidinösen Leibes». Nach Marcuses Sichtweise ist der Konzernkapitalismus erfolgreich in der Schaffung einer totalen Kanalisierung innerer gegensätzlicher Kräfte. Sein

13 Frantz Fanon, Die Verdammten dieser Erde, Frankfurt a. M. 1968, S. 41.

Größenwahn erscheint, von innen gesehen, vernünftig, insofern der Abbau und die Verschwendung des Reichtums Arbeitsplätze schafft, die sonst kaum verfügbar wären; eine unnötige Produktion kann abgesetzt werden durch Schaffung ebenso unnötiger Bedürfnisse. Was sich als viel schockierender für das kritische Bewußtsein herausstellt, ist die Tatsache, daß diese irrationale und gewalttätige ökonomische Struktur in der Lage ist, durch eine Technik der Trennung von Verhalten und Phantasie in der Verpackung ihrer Produkte diese als vorteilhaft erscheinen zu lassen. Bedenken wir ein einfaches Beispiel: Ein Mädchen, das nicht frei genug ist, der Minirockmode des Massenangebots zu widerstehen, kauft mit dieser ihre sexuelle und weibliche Befreiung, und zwar aufgrund einer Ersatzphantasie von Bewunderung und Eroberung, die ihrerseits getrennt ist von den kleinen Alltagsgeschichten, wo mit ihr und den Menschen um sie herum ganz und gar nichts passiert.

«Das Lustprinzip absorbiert das Realitätsprinzip; die Sexualität wird in gesellschaftlich aufbauenden Formen befreit (oder vielmehr liberalisiert). Dieser Gedanke schließt ein, daß es repressive Weisen von Entsublimierung gibt, im Vergleich zu denen die sublimierten Triebe und Ziele mehr Abweichung, mehr Freiheit und mehr Weigerung enthalten, die gesellschaftlichen Tabus zu beachten. Es scheint, daß eine solche repressive Entsublimierung in der sexuellen Sphäre tatsächlich vor sich geht, und hier erscheint sie, wie bei der Entsublimierung der höheren Kultur, als das Nebenprodukt der gesellschaftlichen Kontrollen über die technologische Wirklichkeit, welche die Freiheit erweitern und dabei die Herrschaft intensivieren.»[14]

Durch seine Strategie der neutralisierten Herrschaft ist der Monopolkapitalismus in der Lage, seinen Einfluß auf das psychische Feld des Individuums zu vertiefen, wobei er den Anschein erweckt, als sei er ganz und gar mit der liberalen Ideologie der individuellen Souveränität vereinbar. Diese Verfahrensweise ist ein gesellschaftlich annehmbarer Weg, den Zusammenbruch einer genuin individuellen Privatheit zu überleben, indem man den ökonomischen Raum des kapitalistischen Systems ohne Änderung seiner Klassenstruktur erweitert.

Norman O. Brown lehnt Marcuses tödliche Entropie ab und läßt den «politischen Leib» mit feurigen Pfingstzungen wiedererstehen. In seinem Buch «Life against Death» entwirft er eine psychoanalytische Geschichte der Kapitalakkumulation im Sinne einer unnatürlichen Konzentration der Libido auf einzelne leibliche Organe, «die, durch das Negative des kranken Todestriebes bewirkt, die leibliche Grundlage der neurotischen Charakterstörung bildet».[15] Die Schlußfolgerungen aus diesen historischen Untersuchungen bringen Brown auf den mystischen Pfad der Wiederauferstehung

14 Herbert Marcuse, Der eindimensionale Mensch, a. a. O., S. 91–92.

15 Norman O. Brown, Zukunft im Zeichen des Eros, Pfullingen 1962, S. 380; zu Marcuses und Browns Angriff auf die konventionell-konservativen und antiutopi-

des Leibes und drängen Marcuse in Freudianischen Skeptizismus und politischen Realismus! Das Argument, was beide – Marcuse und Norman O. Brown – vertreten, besteht in der linksorientierten Auslegung des Generationsproblems.[16] Marcuses Zivilisation des jeweiligen Ich, der Person und des Eigentums macht jedoch halt vor dem auf libidinösen Gebrauchswerten basierenden Kommunismus Browns. Brown zerstört die konventionelle, als Illusion, Mystifikation und Traum aufgefaßte Realität. Wir durchleben erneut unsere Vergangenheit, die Urszene; alle Politik ist infantile Regression, ist Sturz der genitalen Tyrannei, die bestimmt ist von der Identifikation mit dem Penis des Vaters; dies bedeutet: Die Psyche versklavt unseren Leib. Ziel der Revolution ist die Offenbarung, die Herauslösung der Wörter aus dem Bereich der Marktplätze, heißt Erneuerung der Vision und Rückkehr in den «Leib der Liebe».

«Wir tragen, wie die Blumen, unseren Samen im Kopf, stellen unsere Sexualität offen zur Schau; wie in Boschs Garten der irdischen Lüste – drunter und drüber: ein Ende der Rechtschaffenheit; der Weg nach oben ist der Weg nach unten. ‹Erigiert› ist die Gestalt des genital organisierten Leibes, der gekreuzigte Leib, der tote oder schlafende Leib, der steife Leib. Die Gestalt des wiedererwachten Leibes, die Gestalt des wiederauferstandenen Leibes, sie ist nicht vertikal, sondern pervers und polymorph, nicht eine gerade Linie, sondern ein Kreis; sein Heiligtum liegt an der Peripherie; jede einzelne Minute ist heilig, in der ‹Umarmungen gleich Verschränkungen sind vom Kopf bis zu den Füßen, / Und kein pomphafter Hoherpriester, der sich durch einen geheimen Ort einschleicht›.»[17]

Norman O. Brown ist der Visionär der neuen «Politik der Leiblichkeit», während Jerry Rubin und Abbie Hoffman Magie und Offenbarung durch Improvisation revolutionärer Schauspiele mit Tausenderbesetzungen auf die Straße brachten. Beide konfrontierten die Obszönität konventioneller Politik mit dem Anspruch auf Leib, Sprache, Friede und Zärtlichkeit. Ihre Methoden waren die Übertreibung und die Kooptierung etablierter Formen und Medien; dadurch wurden die Alltagszwänge und Phantasien eines industriell-militärischen Komplexes demaskiert. Rubin und Hoffman trugen die Revolution in die Jugendbewegung, die sich der Entlarvung der Freudlosigkeit und Vulgarität von Geschäftemacherei, Religion und Demokratie verschrieben hatte. Ihre Sprache ist eine Leibsprache, da das System, dem sie sich widersetzten, den Leib entmenschlichte, ihn zum Fetisch seiner Bedürfnisse, Bewegungen und seiner Grazie machte:

---

schen Bereiche der Psychoanalyse vgl. Susan Sontag, Psychoanalysis and Norman O. Brown's «Life Against Death», a. a. O.

16 Vgl. Love Mystified: A Critique of Norman O. Brown and A Reply to Herbert Marcuse by Norman O. Brown, in Herbert Marcuse, Negations: Essays in Critical Theory, Boston 1968.

17 Norman O. Brown, Love's Body, a. a. O., S. 137.

«Eine sterbende Kultur zerstört alles, was sie berührt.
Die Sprache gehört zu den ersten Dingen, die mit ihr zugrunde gehen.
Niemand kommuniziert im Grunde mehr mit Worten. Die Worte haben ihre emotionale Wirkung verloren, ihre Intimität, ihre Fähigkeit, zu schockieren und zärtlich zu sein.
Die Sprache verhindert die Kommunikation:

AUTOS LIEBEN SHELL

Wie kann ich sagen:
‹Ich liebe dich›,
nachdem ich hörte:
‹AUTOS LIEBEN SHELL.›

Verstehen Sie, was ich *meine*?

Unterdrückung der Nigger ist ‹Gesetz und Ordnung›. Stehlen ist ‹Kapitalismus›.
EINE ‹*REVOLUTION*› AUF DEM GEBIET DER TOILETTENPAPIERHERSTELLUNG!
EINE ‹*REVOLUTION*› IN DER BEKÄMPFUNG DES MUNDGERUCHS!
EIN ‹*REVOLUTIONÄRER*› HOLLYWOODFILM!
Haben die Kapitalisten denn gar keinen Respekt?
Ein Wort jedoch gibt es, das Amerika nicht zerstört hat.
Ein Wort hat seine emotionale Kraft und Reinheit behalten.
Amerika kann es nicht zerstören, weil es nicht wagt, es zu benutzen.
Es ist illegal!
Es ist das letzte Wort, das von der englischen Sprache übriggeblieben ist:
FUCK!!!
Eines schönen Wintertages in Berkeley griff John Thomson zu einem Stück Kreide, schrieb auf eine Papptafel ‹FUCK WAR›, setzte sich mit seiner Tafel auf die Erde und wurde zwei Minuten später verhaftet. Zwei andere Leute taten das gleiche. Auch *sie* wurden verhaftet.
Das Filthy Speech Movement war geboren.»[18]

Der Erotizismus des modernen ökonomischen und politischen Lebens ist ein Grundelement bei den Vorfällen und Geschehnissen des «politischen Leibes». Die Obszönität der leiborientierten Politik ist ebenso heilig wie profan. Sie muß, wie alles Profane, im Licht des Abfalls vom Geheiligten gesehen werden. Politik, Religion und Geschäft sind zu freudlosen und obszönen Beschäftigungen geworden; sie sind ja ebenfalls heilige Werke des Menschen. Der «politische Leib» ist das Theater, wo die Umkehrung von Transzendentem und Weltlichem stattfindet; seine Rebellen und Clowns inszenieren erneut Schöpfung und Sündenfall, die Umkehrung von Göttlichkeit und Menschentum.

---

18 Jerry Rubin, Do it – Scenarios für die Revolution, Hamburg 1971, S. 109–110.

«Der Leib ist wie die staatliche Gemeinschaft ein Theater; alles ist symbolisch, alles, einschließlich des sexuellen Aktes. Die Hauptrolle wird gespielt von der öffentlichen Person, indem sie die Rolle der Gemeinschaft als eines Ganzen übernimmt: *persona publica totius communitatis gerens vicem*. Funktion des repräsentativen Organs ist es, die staatliche Gemeinschaft in ihrem eigenen Leib zu personifizieren, zu inkorporieren und zu inkarnieren. Inkorporation ist die Gründung eines Theaters (Öffentlichkeit); der Leib der Zuschauer ist abhängig von der schauspielerischen Darstellung ihrer aller Existenz in einem einzigen Leib.»[19]

In den sechziger Jahren haben wir den Sexualisierungsprozeß konventioneller Politik miterlebt, ebenso die greifbare Logik von Demonstrationen, Schlägereien, Entkleidungsszenen, «Love-ins», Jugendtreffs und Totaltrips, wodurch sich das Bewußtsein der Jugend einer großen Familie zugehörig wußte und den ödipalen Konflikt in lustvollen Straßenszenen, Zärtlichkeiten und «Todesschüssen» entäußerte. Diese Ereignisse haben das korporierte Wohlbehagen eines jugendlichen, weißen und heterosexuellen Amerika demaskiert. Die Politik der «neuen Abweichler»[20], der fröhlichen Leute, die ohne die Desiderate all jener sind, von denen sie vom anderen Ufer des Generationsgrabens beobachtet werden, hat symbolisch das System des Mangels und der Todessehnsucht zerstört, das in der Ökonomie einer Mann/Frau-, Schwarz/Weiß-, reich/arm- und Fachmann/Laie-Organisation wurzelt. Seltsamerweise waren sie dort erfolgreich, wo sie es für besonders schwierig hielten. Sie haben das Bewußtsein der Institutionen geändert, die ausschließlich definiert zu sein schienen durch die unwiderstehliche Macht, die sie auf den Verstand der Menschen ausübten. Für die meisten Leute bestehen die korporativen Institutionen noch wie zuvor, jedoch expandiert revolutionärer Klarblick kontinuierlich bis an die Grenze antipolitischen Bewußtseins. Die «Politik der Leiblichkeit» wird dann dionysisch, bekommt Form nur noch in einem Moment ichlicher Improvisation ohne Fundament und Ideologie. Sie ist erfolgreich im Zerstören von Ersatzfunktionen, indem sie – wie das Kind – Liebe und Leidenschaft erlebt, und sie wartet noch immer auf die große Kommunion der Menschen und die Wiederauferstehung des Leibes.

«Aber dann darf man auf keinen Fall von Ertrag, von Intensivierung, von Rhythmus sprechen. Nein, es handelt sich nicht um eine Rückkehr zur Natur. Es handelt sich ganz konkret darum, die Menschen nicht auf Wege zu zerren, auf denen sie verstümmelt werden, dem Gehirn keinen Rhythmus aufzuzwingen, der es rasch auslöscht und zerrüttet. Es darf nicht geschehen, daß der Mensch unter dem Vorwand, Europa einzuholen, hin und her gezerrt, sich selbst, seiner Intimität entrissen, zermürbt und getötet wird.

Nein, wir wollen niemanden einholen. Aber wir wollen die ganze Zeit,

19 Norman O. Brown, Love's Body, a. a. O., S. 131–132.
20 Leslie A. Fiedler, The New Mutants, Partisan Review, 32, 4 (1965), S. 505–525.

Tag und Nacht, in Gesellschaft des Menschen marschieren, in Gesellschaft aller Menschen. Es kommt darauf an, den Zug nicht auseinanderzuziehen, weil sonst jede Reihe die vor ihr nicht mehr erkennen kann, und Menschen, die einander nicht mehr erkennen, begegnen einander immer weniger und sprechen immer weniger miteinander.»[21]

21 Frantz Fanon, Die Verdammten dieser Erde, S. 241–242.

V. Politische Delinquenz und die Jungs von Iron Mountain

Die Erfahrung, die man mit der modernen Gesellschaft gemacht hat, veränderte unsere Einstellung zur Gewalt. Dabei geht es jedoch nicht einfach um die Frage, neue Definitionen für die Formen destruktiver Kräfte zu finden, die in der modernen Rüstung und Verteidigungsplanung enthalten sind. Am 6. August 1945, morgens um 8.15 Uhr, trat Amerika, wie eine Gesellschaft des Steinzeitalters, eine Atombombe schwenkend, in die Geschichte ein. Die Bombe, die auf Hiroshima fiel, hatte mehr als zwanzigtausend Tonnen TNT Sprengkraft, vorausgesetzt, es gibt irgendeine Bedeutungseinheit für die Zerstörungskraft von TNT, die in einer solchen Multiplikation zum Tragen kommen kann. Die Hitze, die von der Explosion ausging, war groß genug, um die Schattenbilder von Menschen und Gebäuden in das umliegende Gestein zu brennen.

Die moderne sozialwissenschaftliche Literatur ist angefüllt mit statistischen Studien zur Sterblichkeit, Arbeitslosigkeit, Verelendung, zu Geisteskrankheiten und Verbrechen in Amerika und in der Welt. Die Literatur älteren Stils zu dieser Thematik ist ausgerichtet nach dem Modell von Prognose und Kontrolle. Eine Wissenschaft, die diesen Stil bewahrt hat, geht zugrunde aus Mangel an einem adäquaten politischen Rahmen, von dem her die Resultate ihrer Entdeckungen irgendeinen Sinn gewinnen. Es gibt aber auch eine neue Form sozialwissenschaftlicher Literatur, in der die alten Annahmen des Humanismus und der politischen Demokratie, die beide in dem Willen bestanden, Wissen zum Nutzen aller anzuwenden, vollständig fehlen. Diese neue Literatur, die von der Metapher des Spiels Gebrauch macht, führt in ähnlicher Weise Kriegs- und Friedensspiele durch, und zwar in einer seltsamen dritten Welt, jenseits der konventionellen Grenzen von Faktum und Wert. Der «Report from Iron Mountain»[1] übernimmt, was man ein «militärisches Planspiel» nennt, für seine Untersuchung zur Möglichkeit des Friedens und – man beachte – darüber, ob er überhaupt wünschenswert sei. Die von der Regierung beauftragte Forschergruppe, die die Untersuchung bis zu den Vorbedingungen des Friedens führte, trennte sich selbst entschlossen von jeder Form von Wunschdenken hinsichtlich der Wahrscheinlichkeit oder der Wünschbarkeit eines zu erreichenden Friedens als Endziel für die amerikanische Gesellschaft.

Der «Report from Iron Mountain» ist bemerkenswert für die Art und Weise, in der er sich der ideologischen Waffe bedient, um sie auf einen

1 Report from Iron Mountain on the Possibility and Desirability of Peace, eingeleitet von Leonard C. Lewin, New York 1967; deutsch: Verdammter Friede, Bern/München/Wien 1967 (zitiert wird im folgenden nach der deutschen Ausgabe).

einzigen Wert zu konzentrieren, nämlich auf die Stabilität der amerikanischen Gesellschaft im Sinne einer Rüstungsmaschinerie. Wir wollen diesen Endzweck reflektieren, indem wir für einen Moment den Aufwand an Menschenleben unter denjenigen beiseite lassen, um die es der amerikanischen Nation eigentlich geht, ebenso wollen wir die Unkosten für Alternativen zum Krieg, ob nun in Amerika oder sonstwo, außer acht lassen. Teil 2 des «Reports» behandelt die Praktikabilität einer Verlagerung der amerikanischen Rüstungsausgaben – zur Zeit ein Drittel des gesamten Bundesbudgets – auf nichtmilitärische Produktionsformen. Dabei wird sofort deutlich, daß die Rüstungsproduktion alles andere als nur einen geringen Teil der amerikanischen Wirtschaft ausmacht. Ebenso wie mit den verschiedenen Spezialisierungsformen des Produktionsprozesses ist sie stark verflochten mit besatzungsmäßigen und geographischen Unabänderlichkeiten, durch die jede teilweise oder auch konsequente Umorientierung verhindert wird. Der «Report» weist jedes Argument von der Hand, in dem behauptet wird, daß die Probleme der nationalen Wirtschaft analog lokalen Problemen und untergeordneten Reorganisationsformen gelöst werden könnten. Mit kaum weniger Nachdruck weist er die Argumente liberaler Wirtschaftsexperten zurück, daß eine Kombination von finanzpolitischen Maßnahmen zusammen mit der Ausweitung der Konsumbedürfnisse auch auf den unantastbaren Gebieten des öffentlichen Gesundheitswesens, der Erziehung und anderer sozialer Einrichtungen jenes Vakuum ausfüllen könnten, das durch den Abbau der Rüstungsmaschinerie zurückbleiben würde. Das Argument gegen die Liberalen ist simpel, genauso wie die völlige Ablehnung jeglicher liberalen Konzeption zur Natur sozialen und ökonomischen Verhaltens. Finanzpolitische Kontrollen sind grundsätzlich Reaktionen auf die Wirtschaft, motivieren sie jedoch nicht. Allein sind sie nicht in der Lage, den Wert von einer Milliarde Dollar pro Jahr für die Lenkwaffenproduktion in eine entsprechende Produktion für den Konsum im privaten und öffentlichen Sektor umzuwandeln. Solche Vorschläge sind leeres liberalistisches Geschwätz ohne Sinn für die politische Annehmbarkeit und Durchführbarkeit einer Umorientierung der amerikanischen Wirtschafts- und Gesellschaftsordnung.

Der schwächste Punkt in den ganzen «Abrüstungsbemühungen» ist nach dem «Report» ihre zugrundeliegende Fehlkonzeption zur sozialen Natur des Krieges. Krieg ist weder eine Folge angeborener Aggression noch die Konsequenz aus dem bloßen Vorhandensein des Waffenpotentials. Im Gegenteil, es gibt menschliche Aggressivität und Aufrüstung, weil «der Krieg jenes grundlegende soziale System ist, in dem andere sekundäre Formen gesellschaftlicher Organisation sich bekämpfen und verbünden». Dieses grundlegende Postulat zur sozialen Struktur wird bestätigt durch historische Zeugnisse, nach denen die meisten vergangenen wie auch zeitgenössischen Gesellschaften sich bekämpfende Gesellschaften waren oder noch sind.

«Erst wenn dies einmal richtig verstanden worden ist, wird das wahre Ausmaß der Probleme erkennbar, die ein Übergang zum Frieden – der selbst ein Gesellschaftssystem darstellt, aber eines ohne Vorbild, ausgenommen in einigen einfachen vorindustriellen Gesellschaften – mit sich bringt. Zur gleichen Zeit können dann endlich einige der verwirrend oberflächlichen Widersprüche der modernen Gesellschaft aufgeklärt werden. Die ‹unnotwendige› Größe und Macht der Welt-Kriegsindustrie; der Vorrang der Kriegsmacht in jedem Staat, die Ungültigkeit der anerkannten gesellschaftlichen Verhaltensweisen und der Rechtsnormen, die überall sonst beachtet werden müssen, für die militärischen und militärähnlichen Institutionen; das erfolgreiche Wirken der Streitkräfte und der Waffenproduzenten, gänzlich unabhängig von allen wirtschaftlichen Grundregeln, die in jeder Nation gelten. Diese und andere scheinbare Paradoxe, die sich aus der engen Beziehung zwischen Krieg und Gesellschaft ergeben, sind leicht zu begreifen, wenn man einmal eingesehen hat, daß das Kriegspotential die wichtigste prägende Kraft der Gesellschaft ist. Wirtschaftssysteme, politische Philosophien und Gesetzeswerke dienen dem Kriegssystem – und nicht umgekehrt.

Es muß betont werden, daß der Vorrang der Kriegskraft einer Gesellschaft vor ihren anderen Eigenschaften nicht das Ergebnis der ‹Bedrohung› ist, der jede Gesellschaft angeblich zu jeder Zeit von seiten einer anderen ausgesetzt ist. Das ist die Umkehrung der Grundsituation. ‹Bedrohungen› der ‹nationalen Interessen› werden gewöhnlich hervorgerufen oder forciert, um den wechselnden Erfordernissen des Kriegssystems zu begegnen. Erst vor nicht allzu langer Zeit hat man es für politisch zweckmäßig erachtet, Kriegsbudgets beschönigend in ‹Verteidigungsausgaben› umzubenennen. Die Notwendigkeit für die Regierungen, zwischen ‹Angriff› (schlecht!) und ‹Verteidigung› (gut!) zu unterscheiden, ergab sich zwangsläufig durch den erhöhten Bildungsstandard und die modernen Kommunikationsmittel. Die Unterscheidung geschieht nur aus taktischen Gründen; sie ist ein Zugeständnis an die immer unzulänglicher werdenden traditionellen politischen Begründungen des Krieges.

Kriege werden nicht durch internationale ‹Interessenkonflikte› verursacht. Folgerichtiges Denken führt vielmehr zu dem Schluß, daß kriegführende Gesellschaften solche Konflikte brauchen – und deshalb auslösen. Die Fähigkeit einer Nation, Krieg zu führen, bedeutet die größte gesellschaftliche Macht, die ein Volk ausüben kann. Kriegführung, aktiv oder beabsichtigt, ist eine Frage von Leben und Tod und unterliegt im weitesten Sinne der Kontrolle durch die Gesellschaft. Es dürfte daher kaum überraschen, daß die militärischen Institutionen in jeder Gesellschaft Anspruch auf die höchste Vorrangstellung erheben.

Wir sind ferner der Meinung, daß der immer wieder verwirrende Mythos, Kriegführung sei ein Mittel der Staatspolitik, zum großen Teil auf eine allgemein falsche Auffassung von den Funktionen des Krieges zurückgeht. Gewöhnlich werden sie begriffen als die Verteidigung einer Nation gegen den militärischen Angriff einer anderen oder die Abschreckung eines solchen Angriffs; die Verteidigung oder die Förderung ‹nationaler Interessen› –

seien es wirtschaftliche, politische oder ideologische; die Aufrechterhaltung oder Vergrößerung der militärischen Macht einer Nation um ihrer selbst willen. Das sind die sichtbaren oder offensichtlichen Funktionen des Krieges. Gäbe es keine anderen, würde die Bedeutung der Kriegsstärke einer jeden Gesellschaft tatsächlich so gering sein, wie irrtümlicherweise oft angenommen wird. Und die Abschaffung des Krieges würde wirklich nur eine Verfahrensfrage sein, wie die Abrüstungs-Szenarien glauben machen.»[2]

Krieg ist dann nicht etwas, das den Weltfrieden auch nur annähernd so stark verunsichert wie die Aussicht auf eine Erschütterung der Stabilität der amerikanischen Wirtschaftsordnung. Es ist ein Gemeinplatz, wenn man sagt, daß die amerikanische Wirtschaft die reichste der Welt sei, und dies in einem Sinne versteht, daß sie von allen Wirtschaftsordnungen am ehesten in der Lage sei, einen wirtschaftlichen Überschuß zu produzieren. Die amerikanische Wirtschaftsordnung hat per Definition die in der Welt größten Lagerungsprobleme. Sie hat deshalb die in der Welt größte Abfallproduktion, von der die Rüstungsproduktion in ihren verschiedenen Formen den Hauptanteil bildet. Wir wollen hier nicht über die Art und Weise diskutieren, in der die Rüstungsproduktion zu Fortschritten in der Medizin und dem Transportwesen wie auch zu einer Vielzahl von Verbesserungen bei Materialien und Stoffen führt. Solche Ironie des Kriegswesens ist jedoch ein geringfügigeres Thema, verglichen mit seiner Logik im Sinne einer Fundierung der gesellschaftlichen Organisation. Eine Gesellschaft hat nur dann eine Identität, sofern sie ihre Existenzansprüche verteidigen kann. Ihre Daseinsberechtigung kann aber nur verteidigt werden, wenn eine Bedrohung ihrer Existenz erfunden wird, vorausgesetzt, die Gesellschaft bestärkt die Existenz des Feindes durch ihre eigenen Kriegsvorbereitungen, die diesem wiederum Realität verleiht. Dem Wesen nach ist die militärische Technologie äußerst unbestimmt und zurückhaltend hinsichtlich ihrer Schlagkraft, um so einen gleichfalls unbestimmten und abstrakten Feind schaffen und aufrechterhalten zu können. Mittlerweile werden die Folgen für die personelle und sozioökonomische Organisation in einem positiven Sinne für das Kriegssystem zurechtgestutzt, völlig unabhängig von individuellen Aggressionsinstinkten oder von der Rekrutierung auf den gesellschaftlichen Abschaum. In der Tat, man sollte das historische Zeugnis hinzuziehen, um die Gefahren eines inneren Zusammenbruchs zu zeigen, die entstehen können aus Mangel an einer für die soziale Ordnung bestehenden äußeren Bedrohung.

«Das Vorhandensein einer glaubwürdigen Bedrohung von außen ist ebenso wichtig für den Zusammenhalt der Gesellschaft wie für die Anerkennung der politischen Autorität. Die Bedrohung muß glaubhaft sein, sie muß von einem Ausmaß sein, das der Vielgestaltigkeit der bedrohten Gesellschaft

2 Ebd., S. 63–65.

entspricht, und sie muß schließlich ausnahmslos die gesamte Gesellschaft betreffen.»[3]

Nachdem der «Report from Iron Mountain» jegliche sozioökonomische Alternative zum Krieg zurückgewiesen hat, geht es ihm nur noch um die Frage nach der Glaubwürdigkeit von Kriegssurrogaten. Er spielt mit der Idee von Raumfahrtprogrammen auf der Grundlage einer «Invasion vom Mars», lehnt diese jedoch ab, nachdem die «fliegenden Untertassen» nicht ins allgemeine Bewußtsein eindringen konnten. Ich vermute nun, daß trotz der Versuche der öffentlichen Sprecher, die Möglichkeit eines Zusammenstoßes mit den Russen oder die Gefahr ihrer Spionage zu dramatisieren, die Vorstellung von der Nichtdurchführung von Apollo I auch die Leute von Iron Mountain abschrecken würde. Allein die Fehlschläge des Raumfahrtprogramms scheinen das Interesse der Menschen zu erregen, was seltsam anmutet, erinnert man sich der Bemühungen von Schriftstellern und Vertretern der Kirche, ganz zu schweigen von sogenannten Jugendberatern, die alle versuchten, die angeblich verdorbene Generation mit «Erfolg», «harter Arbeit» und «Teamgeist», die hinter den Weltraumflügen stecken, zu überzeugen. Die Wahrheit ist, daß das Raumfahrtprogramm genausowenig wie eine Fahrt im Aufzug die Vorstellungskraft anregt. Der «Report» zieht es vor, zugunsten der Alpträume einer primitiven Geschichte gesellschaftlicher Kontrolle auf die Sterilität der Zukunft zu verzichten. Beiläufig gibt es dort eine Überlegung zur Umweltverschmutzung im Sinne eines politischen Ersatzes für den Krieg, obwohl sie bei der Glaubwürdigkeitsprüfung durchfällt.

«Vielleicht kann die Gefahr totaler Verschmutzung der gesamten Umwelt eines Tages die der Massenvernichtung durch nukleare Waffen ersetzen, die heute als die am deutlichsten sichtbare Bedrohung für die Erhaltung des Lebens überhaupt gilt. Die Verseuchung der Luft und aller wichtigen Quellen der Nahrungs- und Wasserversorgung ist bereits weit fortgeschritten und scheint auf den ersten Blick vielversprechend zu sein; sie stellt eine Herausforderung dar, der allein durch gesellschaftliche Organisation und politische Machtausübung begegnet werden kann. Aber nach den gegenwärtigen Anzeichen zu urteilen, wird es noch eine bis anderthalb Generationen dauern, bevor die Umweltverschmutzung eine ausreichende Gefährdung in globalem Maßstab darstellt und als ‹Ersatzprogramm› in Frage kommt.

Es wäre kein Problem, die Verschmutzung für diesen Zweck zu forcieren; im Grunde würde schon eine Modifizierung der bestehenden Programme gegen die Verschmutzungsgefahr den Prozeß genügend beschleunigen und das für eine glaubwürdige Bedrohung notwendige Ausmaß dadurch bereits etwas eher erreichbar sein. Aber über das Verschmutzungsproblem ist in den letzten Jahren so viel geschrieben worden, daß es äußerst schwierig

3 Ebd., S. 82.

wäre, ein Programm zur Förderung der Umweltvergiftung auf eine politisch akzeptable Weise durchzuführen.»[4]

Das grundlegende Bedürfnis, die soziale Stabilität der amerikanischen Wirtschaftsordnung zu garantieren, bringt den «Report» zur Schlußfolgerung, daß man ernsthaft daran denken sollte, «in einer bestimmten Form, die mit der modernen Technologie und den politischen Entwicklungen in Einklang steht, die Sklaverei wieder einzuführen». Zusätzlich könnte man als moralisches Äquivalent zum Krieg, das zudem als Schauspiel für Beschäftigungslose und Unzufriedene dienen könnte, die Einrichtung von «Blutspielen» fördern, so z. B. die rituelle Institution der Verbrecherjagd zum Zweck «sozialer Säuberung» und «staatlicher Sicherheit» oder eines anderen Grundprinzips, das sowohl akzeptabel als auch glaubwürdig für Nachkriegsgesellschaften ist (S. 108). Man geselle sich zu den Bullen, den Studenten, den Gardisten oder «Stahlhelmen».

All das mag phantastisch klingen. Das aber ist nicht der Grundton des «Reports from Iron Mountain». Seine Verfasser halten den Frieden im Endeffekt für unwahrscheinlich, aber doch für gefährlich genug, um sich mit ihm zu beschäftigen. Mit noch stärkerem Nachdruck empfehlen sie eine umfassende Erforschung des Krieges, der uns ja bisher so vorteilhaft zur Datierung gedient hat, was er in Zukunft nicht mehr tun wird, es sei denn, man nimmt eine Steigerung des Selbstbewußtseins an. Der «Report» ist in vieler Hinsicht ein Paradigma der modernen Literatur zum Thema «Gewalt». Er ist ein Rezept zur Erzeugung von innerstaatlicher und zwischenstaatlicher Gewaltanwendung, ein Vorbild für zahlreiche weitere Schauspiele kollektiver Psychose, gesellschaftlichen Aderlasses, Umweltzerstörung und eines konturlosen Zynismus.

Für die Jungs von Iron Mountain ist Gewalt sexuell gefärbt, obgleich dies nicht sofort einleuchtend ist in einer Gesellschaft, die eher vor nackten Körpern, die zusammen Liebe machen, zurückschauert als vor Leibern, die bei Autounfällen über die Autobahn verstreut liegen oder die im Krieg zu Krüppeln verstümmelt werden. Tatsächlich würden viele Eltern ihre Kinder lieber in Uniform sehen als mit langen Haaren und völlig nackt. In der konventionellen Gesellschaft erscheint der menschliche Körper lediglich im Zusammenhang mit Gewalt, Notzucht, Wettkampfsport und bei Ritualen der Körperpflege. In diesen Szenarien ist der Leib ein Medium für weiße Politik, weiße Klasse und weißen Rassismus. Er ist die Bühne eines repressiven Individualismus. Heutzutage ist der menschliche Leib die grundlegende politische Struktur. Er läßt über sich ergehen die Mobilisierung für fremde Kriege, Ausbeutung, Hunger und Erstickungsgefahr in den Städten. Er ist ein Opfer von Rassenhaß und Völkermord. Moderne Lebensweise wird zu einem Weg des Todes, der die politische Furcht an den eigentlich genetischen

4 Ebd., S. 103.

Wurzeln der Humanität zu vernichten droht. Dies ist der politische Ursprung jener Kluft zwischen den Generationen.

Wir verdanken Freud den bemerkenswerten Einblick in das Wesen der Politik im Sinne einer Jugenddelinquenz, wenn auch diese Formulierung von Norman O. Brown stammt.

«Politik hervorgegangen aus der Delinquenz. Brüder, einig im Zeichen des Verbrechens. Alle gleich als Sünder. ‹Um die Bevölkerung zu vergrößern, ging Romulus nach dem Modell anderer Städtegründer vor; er eröffnete ein Asyl für Flüchtlinge. Der Mob, der kam, war der erste Schritt zur künftigen Größe der Stadt.› ‹Der Nachlaß der Sünden, der uns zu Bewohnern des Himmelreichs macht, wurde schon leicht angedeutet, als Romulus die ersten Bürger seiner Stadt um sich versammelte, indem er für eine Vielzahl von Verbrechern eine Zufluchtsstätte schuf und ihnen Immunität gab.› Das Himmelreich ist gleichfalls ein Asyl für Flüchtlinge. Oder, wie es die Denker der Vertragstheorie sehen, der Gesellschaftsvertrag etabliert eine korporative Kraft als Asyl für individuelle Sünder, schafft eine unmoralische Gesellschaft aus unmoralischen Menschen, Menschen, deren Naturveranlagung nach Hobbes und Freud darin besteht, Mörder zu sein. Der Gesellschaftsvertrag etabliert den allgemeinen Willen, dem Willen eines jeden einzelnen entgegenzuwirken; jener allgemeine Wille, den Freud das Über-Ich nannte. Das Über-Ich ist ‹über› dem individuellen Ich; ebenso wie das Verbrechen, ist auch das Bewußtsein ein kollektives.»[5]

Was wir, um die «Politik der Leiblichkeit» neu beleben zu können, verstehen müssen, ist die enge Verwandtschaft einer Politik des repressiven Individualismus mit der Struktur des Besitzindividualismus,[6] auch bekannt als die Webersche These von der Affinität der protestantischen Ethik zum Geist des Kapitalismus. Die Entwicklung von Hobbes bis Freud zeigt eine Vertiefung der psychologischen Grundlagen im Hinblick auf die Kanalisierung der Gewalt innerhalb der sozialliberalen Gesellschaftsordnung. Die abstrakten Forderungen nach Freiheit, Eigentum und Gleichheit waren die Waffen, mit denen die Söhne der Revolution die patriarchalisch-monarchische Autorität eines England des 17. Jahrhunderts und eines Frankreich des 18. Jahrhunderts zerstörten. Der Angriff auf die Monarchie war ganz bewußt ein Angriff auf die patriarchalische Familie und ihr Eigentumssystem, wie sich deutlich zeigt in Lockes Angriff auf Filmers «Patriarcha» in seinem «First Treatise of Civil Government» oder in Burkes großem Klassikerwerk der englischen politischen Literatur, seinen «Reflections on the French Revolution». Dies ist auch der Grund, warum der Kommunismus das äußerste Programm der Delinquenz ist; man vergleiche nur dazu sein Inerschei-

5 Norman O. Brown, Love's Body, New York 1966, S. 15–16.

6 C. B. Macpherson, Die politische Theorie des Besitzindividualismus von Hobbes bis Locke, Frankfurt a. M. 1967.

nungtreten in den Argumenten der «Leveller» und «Digger» während der «Putney-Debatte».[7] Aber die Befreiung der Söhne macht sie lediglich frei zur Ausbeutung und zur Beherrschung des Mutterbodens unter der Last körperlicher Arbeit, mit der die Schuld der politischen und religiösen Revolution beglichen wird. Die Revolte der Söhne gegen ihre eigene oral-anale Abhängigkeit von der patriarchalisch-genitalen Bindung löste eine ungeheure Eskalation der Stoffwechsel- und Ausscheidungsprozesse der kapitalistischen Gesellschaft aus – Planziel: der sich selbst schaffende Mensch.

«Die psychoanalytische Paradoxie besagt, daß ‹Dinge›, die besessen und angehäuft werden, daß das Eigentum und der universale kondensierte Niederschlag des Eigentums, das Geld, ihrer wesensmäßigen Natur nach exkremental sind. Die Psychoanalyse muß nicht nur zum Ursprung des Geldkomplexes Stellung nehmen, sondern auch zu seiner letzten Gültigkeit. Vulgärpsychoanalytische Exegese beschränkt sich auf das Argument, daß die Kategorie des Eigentums den kindlichen Manipulationen der exkrementalen Produkte entspringt. Aber der springende Punkt ist die Tatsache, daß Eigentum exkremental bleibt und daß wir im tiefsten Herzen, im Unbewußten wissen, daß es exkremental ist. Witze und Folklore und dichterische Bilder, die Weisheit der Narren – sie erzählen uns die geheime Wahrheit. Die Weisheit der Narren ist die Weisheit der Kindheit. Das Kind weiß es bewußt, der Erwachsene unbewußt, daß wir nichts als Leib sind. Sosehr der verdrängende und sublimierende Erwachsene dies bewußt verleugnen mag, die Tatsache bleibt bestehen, daß Leben leibliches Leben ist und daß nur Leben Werte schafft; alle Werte sind leibliche Werte. Daher macht die Gleichsetzung des Geldes mit Exkrementen das Geld nicht wertlos; im Gegenteil, es ist das Mittel, durch das Dinge der Außenwelt für den menschlichen Leib Bedeutung erwerben – und damit Wert. Wäre Geld nicht Exkrement, es wäre wertlos.

Aber warum gerade Exkrement? Besitz befriedigt körperlich den Eros, der in der Analzone konzentriert ist, sagt die Psychoanalyse. Aber die Konzentration der Libido in der Analzone spiegelt die Bindung an die Analzone des kindlichen narzißtischen Wunsches wider, sein eigener Vater zu werden. Der Wunsch, sein eigener Vater zu werden und damit über den Tod zu triumphieren, kann nur dann durch Dinge verwirklicht werden und gleichzeitig körperliche Bedeutung behalten, wenn die vom Leibe produzierten Dinge ihn gleichzeitig nähren. Besitz ist wertlos für den Leib, es sei denn, die Phantasie verwandle ihn in Exkrement, das gleichzeitig Nahrung ist. Reichtum bringt so wenig Glück, sagt Freud, weil Geld kein kindlicher Wunsch ist; der kindliche Wunsch, der den Geldkomplex trägt, gilt einem narzißtisch in sich geschlossenen und von sich erfüllten unsterblichen Leib. Daher

---

7 Ebd., S. 137–157; Macpherson beurteilt den Radikalismus der «Levellers», indem er ihre soziologischen Voraussetzungen aufklärt.

könnte der kindliche Wunsch, der den Geldkomplex trägt, nur befriedigt werden, wenn Exkrement Nahrung wäre.»[8]

Marcuse hat die Basisprozesse sozialer Kontrolle innerhalb seines Versuchs dargestellt, die Freudsche Triebtheorie in den Kontext kapitalistischer Kultur zu stellen. Die entscheidende Schwierigkeit von Marcuses Formel besteht darin, Marx' Begriff des ökonomischen Mehrwerts mit Freuds Theorie der Triebverdrängung zusammenzubringen. Das Resultat besteht darin, daß Zivilisation, Kultur und Freiheit, sofern sie den ökonomischen Mehrwert voraussetzen, die Selbstbeherrschung des Individuums auf dem Gebiet des triebhaft-psychischen Daseins institutionalisieren. In der Hegelschen Herr-und-Knecht-Dialektik führt die herrschaftsmäßige Verhaltensstruktur von der Arbeit des Knechts über die Welt oder das Werk zur Bildung des proletarischen Bewußtseins. Obwohl er für einen anderen arbeitet, lernt der Knecht mit Dingen umzugehen, deren Unabhängigkeit nun seiner eigenen Produktion, nicht aber seinem freien Konsum unterworfen ist. Aus demselben Grund wird des Herrn Unabhängigkeit von den Dingen zur Abhängigkeit von des Knechtes Können. Somit, abgesehen davon, daß der Knecht den Wert des Lebens anerkennt und sich vor dem Tod fürchtet, ausgedrückt in der Unterwerfung unter die Dinge und die täglichen Sorgen des Lebens, eröffnet sich mit der Dialektik von Herr- und Knechtschaft ein Zyklus der Kultur im Sinne einer objektiven Vermittlung von Ichausdruck und Welt.[9] Die Welt wird zum Feld einer bewußten Praxis, deren Ziele Freiheit und gegenseitige Anerkennung sind. Marcuse behauptet jedoch, daß der Konzernkapitalismus in der Lage sei, die Herr-Knecht-Dialektik durch eine Form der Herrschaftsneutralisierung zu kanalisieren, wodurch eine eindimensionale Realität geschaffen wird, die ihrerseits kritisches Denken durch Einengung des diskursiven Universums zerstört.[10] Die Sprache der Administration, des Operationalismus und Funktionalismus macht alle kritischen Reaktionen auf das selige Bewußtsein der Überflußgesellschaft zunichte.

«Freilich war Marx der Ansicht, daß die Organisation und Leitung des Produktionsapparats durch die ‹unmittelbaren Produzenten› eine qualitative Änderung in die technische Kontinuität einführen würde: nämlich Produktion zur Befriedigung sich frei entfaltender individueller Bedürfnisse. In dem Maße jedoch, wie der bestehende technische Apparat das öffentliche und private Dasein in allen Bereichen der Gesellschaft verschlingt – das heißt zum Medium von Kontrolle und Zusammenhalt in einem politischen Universum wird, das sich die arbeitenden Klassen einverleibt –, in dem Maße würde die qualitative Änderung eine solche in der technologischen Struktur selbst nach sich ziehen. Und eine derartige Änderung würde voraussetzen, daß die arbeitenden Klassen ihrer ganzen Existenz nach diesem Universum

8 Norman O. Brown, Zukunft im Zeichen des Eros, Pfullingen 1962, S. 361–362.
9 Herbert Marcuse, Psychoanalyse und Politik, Frankfurt a. M. 1968.
10 Herbert Marcuse, Der eindimensionale Mensch, Neuwied 1967, Kap. 3 u. 4.

entfremdet sind, daß ihr Bewußtsein das der totalen Unmöglichkeit ist, in diesem Universum fortzubestehen, so daß es bei dem Bedürfnis nach qualitativer Änderung um Leben und Tod geht. Daher besteht die Negation vor der Änderung selbst; die Vorstellung, daß die befreienden historischen Kräfte sich innerhalb der etablierten Gesellschaft entwickeln, ist ein Eckstein der Marxschen Theorie.

Nun wird gerade dieses neue Bewußtsein, dieser ‹Innenraum›, der Raum für die transzendierende geschichtliche Praxis von einer Gesellschaft abgeriegelt, in der die Subjekte wie die Objekte Mittel in einem Ganzen sind, das seine raison d'être in den vielfältigen Leistungen seiner überwältigenden Produktivität hat. Sein höchstes Versprechen ist ein stets bequemer werdendes Leben für eine stets zunehmende Anzahl von Menschen, die sich – in einem strengen Sinne – kein qualitativ anderes Universum von Sprache und Handeln vorstellen können; denn die Fähigkeit, subversive Vorstellungen und Bestrebungen einzudämmen und zu manipulieren, ist ein wesentlicher Teil der bestehenden Gesellschaft. Jene, die in der Hölle der Gesellschaft im Überfluß leben müssen, werden mit einer Brutalität bei der Stange gehalten, die mittelalterliche Praktiken und solche der frühen Neuzeit wiederbeleben. Bei den anderen, weniger benachteiligten Menschen nimmt sich die Gesellschaft des Bedürfnisses nach Befreiung an, indem sie die Bedürfnisse befriedigt, die die Sklaverei schmackhaft und vielleicht sogar unbemerkbar machen, und sie erreicht diese Tatsache im Produktionsprozeß selbst.»[11]

So wie Marcuse es sieht, ist es dem Konzernkapitalismus gelungen, eine vollständige Kanalisierung seiner eigenen inneren widersprüchlichen Kräfte zu schaffen. Sein Größenwahn scheint, von innen gesehen, vernünftig, sofern die Zerstörung des Reichtums Arbeitsplätze schafft und sonst unbrauchbare und unnötige Produktionserzeugnisse durch Erzeugung genauso unnötiger Bedürfnisse verkauft werden können. Wir haben hier die Vision eines sozialen Gleichgewichts, nach dem im «Report from Iron Mountain» so verzweifelt gesucht wird. Tatsächlich, schockierender noch für den kritischen Verstand ist die Tatsache, daß diese irrationale Wirtschaftsordnung durch eine Technik der Spaltung von Verhalten und Phantasie auf der Verpackung der Waren in der Lage ist, vorteilhaft zu erscheinen. Bedenken wir ein einfaches Beispiel: Ein Mädchen, das nicht frei genug ist, der Minimode des Massenangebots zu widerstehen, kauft mit dieser ihre sexuelle und weibliche Befreiung, und zwar aufgrund einer Ersatzvorstellung von Bewunderung und Eroberung, einer Vorstellung, die gänzlich getrennt ist von den kleinen Alltagsgeschehnissen, wo mit ihr und den Menschen um sie herum nichts Aufregendes passiert. Mit diesem Beispiel kann man Marcuses weitere Analyse zum Wesen der Prozesse repressiver Entsublimierung verstehen, die ja den kulturellen Herrschaftsstil im Kontext des Monopolkapitalismus charakterisieren.

---

11 Ebd., S. 43–44.

«Das Lustprinzip absorbiert das Realitätsprinzip; die Sexualität wird in die gesellschaftlich aufbauenden Formen befreit (oder vielmehr liberalisiert). Dieser Gedanke schließt ein, daß es repressive Weisen von Entsublimierung gibt, im Vergleich zu denen die sublimierten Triebe und Ziele mehr Abweichung, mehr Freiheit und mehr Weigerung enthalten, die gesellschaftlichen Tabus zu beachten. Es scheint, daß eine solche repressive Entsublimierung in der sexuellen Sphäre tatsächlich vor sich geht, und hier erscheint sie, wie bei der Entsublimierung der höheren Kultur, als das Nebenprodukt der gesellschaftlichen Kontrollen über die technologische Wirklichkeit, welche die Freiheit erweitern und dabei die Herrschaft intensivieren.»[12]

Durch seine Strategie der neutralisierten Herrschaft ist der Monopolkapitalismus in der Lage, seinen Einfluß auf den psychischen Bereich des einzelnen in einer Form zu verstärken, die vollkommen vereinbar scheint mit der liberalen Souveränität des Individuums. Diese Verfahrensweise ist ihrerseits ein gesellschaftlich akzeptabler Weg, den Zusammenbruch einer genuin individuellen Privatheit zu überleben, wobei man den ökonomischen Raum des kapitalistischen Systems ausweitet, jedoch die Klassenstruktur desselben beibehält.

In den sechziger Jahren war Jerry Rubin im revolutionären Geschäft, und er ersann für Tausende von mittelständischen Jugendlichen Bühnenrollen für ein Straßentheater, in die er sie hineinzwängte, ob nun in Berkeley, Chicago oder Washington. Seine Technik waren die Übertreibung sowie die Nebeneinanderstellung von Polizei, Pentagon, Behörde gegen antiamerikanische Umtriebe, NBC, Wallace und Farbfernsehen. Rubin verwandelte die Revolution in eine Jugendbewegung, die die Fehlschläge der Bürgerrechtsbewegung überlebte, indem sie die Bürgerrechtsproblematik in Amerika und die wirklichen Beziehungen zwischen Schwarzen und Weißen in ihrem Kampf gegen Bullen und den Status quo in einen Topf warf.

Rubin war ein vollendeter Straßenkünstler, der damit beschäftigt war, apokalyptische Szenarien zu konstruieren, in denen sich die Welt des Geschäfts und der Politik in ihren eigenen Bränden verzehrt. Er erstellte Gebrauchsanweisungen für die Revolution, «Do-it-yourself-Methoden» für die Freudsche Revolte und Offenbarung. Beispiel:

«22: Geld ist Scheiße – Geld verbrennen,
Plündern und Ladendiebstahl macht high.

Der Börsenbeamte macht ein besorgtes Gesicht. Er sagt zu uns: ‹Sie können die Börse leider nicht besichtigen.›

Wir sind enttäuscht. ‹Warum nicht?› fragen wir.

‹Weil sie Hippies sind und demonstrieren wollen.›

‹Hippies?› ruft Abbie, empört über eine solche Unterstellung. ‹Wir sind Juden, und wir sind gekommen, um die Börse zu besichtigen.›

---

12 Ebd., S. 91–92.

Vision: *Schlagzeilen des nächsten Tages:*
NEW YORKER BÖRSE SPERRT JUDEN AUS.
Wir haben dem Beamten einen verbalen Karateschlag versetzt. Er wird weich.
Als wir auf der Galerie erscheinen, kommt das Börsengeschäft zum totalen Stillstand. Tausende von Maklern hören auf, Monopoly zu spielen, und applaudieren uns. Was für ein phantastischer Anblick für sie – langhaarige Hippies starren auf sie herab.
Wir werfen Dollarnoten über die Brüstung. Bargeld rieselt vom Himmel.
Wie wilde Tiere stürzen sich die Börsenmakler auf die Scheine.
‹Da habt ihr, was ihr wollt! Echtes, lebendiges Geld! Echte Dollarnoten! In Biafra verhungern Menschen!› rufen wir.
Wir bringen ein bißchen Wirklichkeit in ihr Phantasieleben.
Während wir noch Geld über die Brüstung werfen, sehen wir Polizisten kommen. Die Polizisten packen uns und stoßen uns in die Fahrstühle. Die Börsenmakler unten in der Halle quittieren die Polizeiaktion mit lauten Buh-Rufen.
Wir landen vor dem Börsengebäude. Es ist Mittagszeit. Um uns herum sehen wir die seltsamsten Typen, die man sich vorstellen kann: Typen mit kurzen Haaren, langen Krawatten, dunklen Anzügen und Aktenmappen.
Sie verziehen keine Miene.
Wir fassen uns an und tanzen vor der Börse Ringelreigen.
Dann machen wir uns daran, das zu verbrennen, was sie anbeten: Dollarscheine!
Ehrbare Bürger schreien: ‹Aufhören! Hört auf damit!›
Ein Mann versucht, Abbie eine brennende Fünf-Dollar-Note aus der Hand zu reißen, aber zu spät. Das Geld hat sich in Asche verwandelt!
Ein Menschenauflauf; die Volksseele kocht. Die Polizei versucht, die Menge zu zerstreuen. Wir verschwinden in der Untergrundbahn.»[13]
Rubins kritische Methode ist politisches Theater, bei dem es für das Publikum wesentlich ist, an der Inszenierung seiner eigenen Mythen mitzuwirken. Indem sie am amerikanischen Mythos teilnehmen, gelingt es den Hippies, daß Amerika seiner selbst unsicher wird, und zwar in einer Form, die die Politik der Entfremdung und des Sichzurückziehens niemals zustande brächte.
«Fickt euch doch selber, ihr Mutterschänder!»
Rubin versammelte die Coca-Cola-Stämme Amerikas in den Städten, Straßen und Parks, um so den «politischen Leib» zu neuem Leben zu erwecken und um die Obszönität des amerikanischen Traums in seiner eigenen bloßgestellten Jugend zu verdeutlichen.

---

13 Jerry Rubin, Do it – Scenarios für die Revolution, Hamburg 1971, S. 117–118.

VI. Fröhliche Technologie und der politische Leib

Meine Absicht ist es, zeitgenössische politische Ereignisse wie Demonstrationen, Zusammenstöße zwischen Studenten und Polizei, Festivals, «Sit-ins» und «Love-ins» unter dem Blickwinkel einer Erneuerung der mythologischen Basisstruktur politischer Erkenntnis und Organisation zu sehen. Dies ist ein Unternehmen, das vorsichtig abwägend die Grenzen unseres heutigen Wissens aufsucht, und zwar, indem es unseren Sinn für politische Realität mit dem Pathos der Skepsis hinsichtlich der Erneuerung des politischen Leibes konfrontiert.[1] Gerade deshalb auch ist es ein Unternehmen an der Grenze westlicher Vernunfttradition zur Poesie hin und ebenso die Einführung einer *wilden Soziologie.*

Viele Forscher haben das Phänomen, mit dem ich mich beschäftigen will, als regressives oder als rein expressives Verhalten unbefragt gelassen. Im allgemeinen halten sie den politischen Prozeß für immun gegen Auswüchse der kulturellen Revolution mit ihrer typischen Form der inneren Revolte. Der Appell an die Poesie des Lebens als Grundlage einer neuen Politik erregt, wenn schon nicht die Verzweiflung, so doch den Zynismus der politischen Beobachter. Die «Gemeinschaft der drei Tage», wie sie auf dem Felsen von Woodstock errichtet wurde, war sicherlich ein Nichts bezüglich der Stabilität des korporativen Amerika und ein Affront für das revolutionäre Durchhaltevermögen ihrer Seelenverwandten in Algerien und Vietnam. Die Realität, die unser politisches Leben bestimmt, besteht in der Schaffung wirtschaftlicher und staatlicher, von einer Konzeption der Rationalität beherrschter Praxisformen, die nur solche Beziehungen zum Leben und zur Natur wie die der Beherrschung gelten lassen. Diese Realität wird gesteuert durch die zugrundeliegende Rationalität der Wissenschaft sowie durch Institutionen, Sprache und Vorbilder, die die Annahme fördern, daß das gute Leben allein erreichbar sei durch eine expansive Praxis oder daß es mit dieser selbst zusammenfällt.

Um den alltäglichen Sinn dieser Verbindungen begreifen zu können, müssen wir die Technologie als Offenbarung verstehen, als ein Instrument des Inerscheinungtretens und der Bildung von Wahrheit, die von Kirchen, Wolkenkratzern, Lärm und Theater durchgesetzt wird. Dann ist es möglich zu erkennen, daß die Bedeutung unseres täglichen Lebens in der städtisch-industriellen Welt eine Konstruktion dessen ist, was wir auszusprechen

---

1 Ich erweitere demnach die Zielrichtung zweier kürzlich erschienener Aufsätze: Authority, Knowledge and the Body Politic und Violence, Language and the Body Politic, beide erschienen in meinen Buch Sociology as a Skin Trade: Essays Toward a Reflexive Sociology, New York 1972.

bemüht sind und auch wie wir zu leben versuchen mit Telefon, Schreibmaschinen, Kino, Fernsehen, Autos, Flugzeugen, Kühlschrank und Verhütungsmitteln.

Sich dies vorzustellen bedeutet jedoch, sich auf das reibungslose Funktionieren der Maschinen zu verlassen, wodurch das «Mechanische» als das Vergessen der Gegenwart und als die Abwesenheit des Menschen in der technologischen Welt offenbar wird. Das ist es, worum es in Charlie Chaplins Filmen, in Brechts Theater, im Marxschen «Kapital» und in der heutigen Musik geht. Die Welt des Maschinentempos wird enthüllt in den Filmen Chaplins, dessen Schlaksigkeit die Lächerlichkeit der politischen Praxis offenbart, indem er umgekehrt einen Ausrutscher zu einem politischen Akt macht. In dieser Weise wird der Kapitalismus als die Daseinsform der Dinge dramatisiert und die Abwesenheit des Menschen im Rahmen der Marxschen Analyse des «Kapitals» durch die Kunst zum Ausdruck gebracht und ins Gegenteil verkehrt. Aus diesem Grund auch ist der «politische Leib» darin von der Kunst abhängig, daß diese das Böse als eine regulative Struktur (eine Maschine) enthüllt, die Akkumulation von Wissen («Faust») oder Macht («Kapital») aufdeckt sowie die Vernachlässigung alternativer sozialer Strukturen. Edmund Burkes «Betrachtungen über die Revolution in Frankreich» z. B. sind deshalb eine Untersuchung zur politischen Poesie, da sie das Gute an der großen nationalen Voreingenommenheit für die Familienordnung besingt sowie ihren Kampf gegen die «mathematischen» Gesetze der Revolution. Es geht hier ebensowenig um das konservative Pathos der Burkeschen Ordnung wie um das utopische Pathos des Sozialismus. Es geht um die Aufrechterhaltung des Prinzips, daß die Bildung einer sozialen Ordnung nicht ausgehen kann von Hobbes' oder Mandevilles unsozialer Regel hinsichtlich einer Umformung des Bösen, sondern allein von der historischen Leistung menschlicher Anerkennung und Gegenseitigkeit.

Wir sind demnach auf der Suche nach einer Ästhetik der Technologie, die als Basis dienen kann für eine moderne Verbindung von Geist und Politik sowie für eine Auflösung des Geist-Körper-Dualismus, der ja bestimmend ist für Realitäts- und Illusionsstrukturen innerhalb unseres politischen Lebens. Unsere Aufgabe besteht darin, unser Vergessen des «Mechanischen» wiederzugewinnen, das uns immer als Metapher diente für die komplexe und befremdende Organisation jener sozialen und politischen Institutionen, die durch die Macht der Maschinen entstanden sind. Die Maschine – wie Carlyle sie auffaßte – ist das «Zeichen» der modernen Zeit, das beherrschende Symbol unserer Empfindungsfähigkeit, Erkenntnis und Macht. Wir fassen unseren Körper, die Gesellschaft und die Regierung im Sinne der Maschine auf, und zwar, indem wir die Werte speziell auf jede dieser Lebensformen, d. h. auf die Nützlichkeiten, die aus der Technik resultieren, reduzieren.

«Die Menschen sind an Kopf und Herz ebenso wie an Körperkraft mechanisch gewachsen. Sie haben den Glauben an jegliche Art von individuellem

Unternehmungsgeist oder naturgegebener Kraft verloren. Nicht für die innere Vervollkommnung, sondern für äußere Beziehungen und Arrangements, für Institutionen, für die Konstitution – für einen Mechanismus in dieser oder jener Form hoffen und kämpfen sie. Ihr ganzes Bemühen, Trachten und Meinen dreht sich um einen Mechanismus und hat selbst einen mechanischen Charakter.»[2] So kommt es, daß die Maschine die vernünftige Ordnung der menschlichen Sinne wie auch die zwischen Gesellschaft und Natur verändert. In dem, was ich «fröhliche Technologie» nenne, können wir meiner Meinung nach eine Vielfalt sozialer Formen unterscheiden, die die industrielle und politische «Maschine» auf den Lebensrhythmus und auf den «politischen Leib» zurückführt. Meine Beispiele sind genauso tastend wie das vorgreifende Hoffen.[3]

Betrachten wir als erstes die neue Unisexmode und ihre Bedeutung für die Neudefinition der Beziehung zwischen Identität und Arbeitswelt. Das Paradox der Frauenemanzipationsbewegung besteht darin, einen Zugang zu suchen zu einer Arbeitswelt, die sich schon «überlebt» hat. Die Forderung der Frauenemanzipationsbewegung nach Gleichheit der Geschlechter erhöht in der Tat die schon zur Norm gewordene Asexualität innerhalb der Arbeitsteilung, die für die industrielle Gesellschaft zwar notwendig war, aber nie in einem solchen Maße praktiziert wurde. Wichtiger noch ist, daß sie eine erneute Reduktion des weiblichen Leibes auf die Struktur der Maschine vornimmt, die in den privaten Techniken des Orgasmus rigoros verinnerlicht wurde, Techniken, die als solche der sexuellen Enthaltsamkeit des Kapitalismus neue Energie verleihen, und zwar weit über das Maß der protestantischen Ethik hinaus. Diese Kombination von geschlechtlicher Gleichheit und mechanischer Enthaltsamkeit[4] wird in allem Ernst gerade zu einer Zeit als Sprungbrett der weiblichen Befreiung postuliert, wo der vom Männlichkeitswahn befreite Mann der technologischen Welt den Rücken kehrt und gleichzeitig eine diffuse polymorphe und weniger zielgerichtete Sexualität wiederentdeckt, die die genitale Definition der männlichen und weiblichen Rolle transzendiert. Im Gegensatz zu dem, was die Feministinnen vertreten, ist die männliche Leibauffassung nicht allein von der Aussicht auf unersättliche Vaginas und eine halbautomatische Klitoris bedroht. So bedrohend auch die weiblichen Waffen sein mögen, die grundlegende Ursache der männlichen Angst beruht doch auf seiner Kastration durch die

---

2 Thomas Carlyle, Signs of the Times, in: Critical and Miscellaneous Essays, 1894, Bd. 1, S. 476.

3 «Dessenungeachtet soll von unserer Seite die Erklärung gegeben werden, daß wir die sentimentale und Nachahmungspoesie gern mit offenen Armen wieder aufnehmen wollen, wenn sie nur irgendeinen vernünftigen Grund angeben könnte, weshalb sie in einem Staate von moralisch vollkommener Verfassung vorhanden sein müßte, denn wir kennen aus Erfahrung ihre entzückenden Reize» (Platon, Politeia 607 C).

4 Midge Decter, Toward the New Chastity, The Atlantic 230, 2 (1972), S. 42–55.

Maschinenwelt, die nur noch in einem geringen Maß die männliche Selbstdarstellung ermöglicht. Dieser Prozeß wird natürlich viel offensichtlicher in den professionellen und bürokratischen Metiers, einschließlich des Krieges, wo Frauen gerade als bedrohliche Konkurrenz aufgefaßt werden eben wegen ihres Mangels an spezifisch männlichen Erscheinungsmerkmalen.[5] Hinzu kommt die Schwierigkeit des Bürokraten, ein adäquates Bild seiner Männlichkeit als den ödipalen Mittelpunkt seiner eigenen Familie zu projizieren. Männlichkeit wird zunehmlich zu einer Pose männlicher Fotomodelle, die lasziv an einer Marlboro ziehen, oder auch zu einem Spiel von Weltraumcowboys, die weit weg, von ihrem Zuhause aus, sorgfältig von Mama und den Kindern beobachtet werden.

Die *fröhliche Technologie* transzendiert die althergebrachten Gewohnheiten der Identität und der Arbeit sowie die Verhaltensnormen, die von einer Welt der Maschinen vorgeschrieben werden. So verwandelt die Rockmusik mit ihren Akteuren und Zuhörern die Sterilität der Technik in eine zuckende, schweißgebadete Improvisation von Gewalt, Liebe, Geborgenheit und Gemeinschaft. Die Rockmusik drückt das lustvolle Ineinandergreifen von Leben und Technologie aus, das ja zugleich Leitbild und Alptraum der modernen Welt ist. Das Aufkommen des Rock enthüllt die Welt als Wunsch, den Leib als Environment, gefangen zwischen Ordnung und Chaos, appellierend an Gemeinschaft und flirtend mit Selbstzerstörung und infantiler Unordentlichkeit.

Die konventionelle, technisch orientierte Gemeinde verlangt ein angemessenes Verhalten angesichts der Maschinen, Motoren, Mikrofone, Fernschreiber und Fernseher. Ein Fernsehgerät anzufurzen oder auf ein Auto zu pissen ist viel weniger akzeptabel, als nackt auf der Motorhaube eines Fords zu liegen oder in einem Fernsehprogramm jemanden zu ermorden, zu vergewaltigen oder zu bestehlen. Aus diesen Gründen ist der Rock revolutionär. Seine Maßstäbe des technologischen Dekors sind kokett, verführerisch, überzeugend, burlesk und destruktiv. Seine Instrumente gehen unter in einem Wirbel von rhythmischen Bewegungen, Zuckungen, Verrenkungen, Sprüngen und Showeinlagen, in denen sie als «Tonträger» transzendiert werden, die dazu dienen, Fleisch, Schmerz, Lachen, Weinen und Freude selbst zu werden. Aus den gleichen Gründen wird das Akteur-Zuhörer-Verhältnis, das gewöhnlich durch das technische Medium in Szene gesetzt wird, zu einer Erfahrungsgemeinschaft, die intim und voller Hoffnung, rasend, aber wesentlich politisch in ihren Beziehungen ist – auch dann, wenn diese scheitern sollten.

Beobachter von Rockkonzerten bewerten die Auftritte typischerweise vom Standpunkt geradliniger Erwachsenenkonzeptionen zu Klang, Bewegung, Sinn und Wert. Sie hören zu, während die Jugend tobt und sich hingibt. Sie recken sich, um die Musiker zu sehen, die weder singen noch

---

5 Karl Bednarik, The Male in Crisis, New York 1970.

sich bewegen. Sie sind bestürzt von dem Gekreisch, den Ausbrüchen und dem Gehopse. Sie sehen in alldem keinen Platz für genitale und anale Entfaltung, für Tränen, Lachen, Schweiß und Zerstörung, sie glauben noch, ihrer Gewohnheit entsprechend, an die Macht des unverdorbenen Wortes und an die geübte Stimme, die des Wortes Botschaft verbreitet. Bei alldem ignorieren sie den Leib und die Seele der Musik, die Intonierung einer grundlegenden Humanität, die bei all ihrem Elend und ihren Freuden eine Gemeinschaft sucht, die nicht so irreal ist, daß sie nur eine Hoffnung bliebe. Die Kritiker jedoch reduzieren diese im Entstehen begriffene Gemeinschaft auf ihre eigene Angst vor Massenhysterie, und das aus dem gleichen Grund, aus dem sie Körper und Geist, Vernunft und menschliche Leidenschaft voneinander trennten. Somit bestätigt ihr Widerstand gegen die Welt der Rockmusik ihre eigene Ignoranz hinsichtlich der Verbindung zwischen einer Abwertung modernen politischen Lebens und deren strafrechtlichen Konsequenzen.

Die Kritiker fürchten die Macht des Künstlers, Tausende von Menschen in Bewegung zu bringen, wobei sie übersehen, daß ihr Geist Gegenstand einer vom Kommerzialismus praktizierten Massenbeeinflussung ist, die auf Instinktebenen abzielt, niedriger als alles, was Hobbes oder selbst Freud in dieser Hinsicht gedacht haben könnten. Der Kommerzialismus ist in der Tat die harte Kost von Millionen, die niemals die Bedeutung von Billie Holidays Bemerkungen verstehen könnten, die seinerzeit meinte: «Ich wußte, daß ich es eines Morgens wirklich geschnallt hatte, als ich das Fernsehen nicht länger ertragen konnte. Wenn ich high war, war's egal, dann konnte ich fernsehen – stundenlang, mit wachsender Begeisterung . . . Wenn du deine Sucht überstanden und den Fernseher rausgeschmissen hast, kann dir kein Gefängnis dieser Welt mehr etwas anhaben.»[6] Auch wenn sie die Antikriegs-, Antiwettbewerbs- sowie Friedens- und Liebesethik anerkennen, die den Rock durchzieht (obgleich diese Ethik in einem Spannungsverhältnis zu seinen eher gewaltorientierten Werten steht), geben sich die Kritiker mit der skeptischen Bewertung der Chancen gerade solcher Kritiken zufrieden, die sich gegen die Realität der wichtigsten Institutionen in Wirtschaft und Politik richten und für diese eine Herausforderung darstellen. Sie entscheiden sich darin für den Tod und gegen den Eros – sie sind sich jedoch nicht darüber klar, daß sie sich gegen ihre eigene Jugend und Zukunft entschieden haben. Somit schaffen sie aus der gegenwärtigen Unzufriedenheit die Voraussetzung für andauernde Ungerechtigkeit. Mehr noch, der geradlinige Beurteiler von Folklore, Rock- und Popmusik übersieht zumeist die allgemeine Krisis der Kunst, Sprache und Kultur, die seit einem Jahrhundert an Geltung gewonnen hat. Ihr Widerwille gegen die Vermengung von Leben und Kunst hat jedoch keine solide Grundlage. Kommt er aus der Verachtung der Realität menschlichen Lebens, vor der uns allein die Kunst bewahrt?

---

6 Dan Wakefield (Hg.), The Addict, New York 1963, S. 9.

Oder ist es eher der Widerwille gegen die Verseuchung des Lebens durch die Nichtigkeit und die Dummheit der Kunst? Was ist der Grund für diese Konfrontation zwischen dem Heiligen und dem Dämonischen, in der wir das «Fleisch» der Welt sowie das «geistige Wort» zusammenhalten, indem wir den Laut zu einem tiefen innerlichen Schweigen machen? Die Antwort auf all diese Fragen liegt allein in ihrer erfühlten Abwesenheit, die heraufbeschworen wird in den wilden Gebeten der Rockmusik, in ihrer Zuwendungsekstase und der zwingenden Kraft ihrer Heiligen.

Walter Ong behauptet, einen gewissen Parallelismus zwischen den Sequenzen der Kommunikationsprozesse und den Freudschen Stufen der psychosexuellen Entwicklung gefunden zu haben.[7] Es treten natürlich bei solchen Vergleichen gewaltige Probleme auf, ganz zu schweigen von der anfänglichen Abstraktion, die für ein solches Schema notwendig ist. Was aber in dieser Konstruktion Wert hat, ist die Auffassung, daß das menschliche Sensorium ein strukturell und historisch produzierter Produzent seiner eigenen akustischen, visuellen, taktilen, libidinösen und sozialen Umgebung ist. Wenn dies zutrifft, dann ist das ganze Gejammer zum Übergang der syntaktischen Grundlage der klassischen Erkenntnis- und Kunstlehre zur Sprachlosigkeit all jener, die «stoned» sind, nicht wirklich schon ein Zusammenbruch der gewöhnlichen Sprache oder «unserer wichtigsten Bewußtseinsformen».[8] Die neue Musikkultur lehnt in gleicher Weise den journalistischen Auswurf an gedrucktem Schwachsinn ab. Sie teilt die Gewißheit, daß unsere sprachliche Umwelt gewalttätig, ausbeuterisch und ein grundlegendes Werkzeug gesellschaftlicher Manipulation ist. In der Rock- und Folklyrik steckt ein enormes Empfinden dafür, daß man verbal kaputtgemacht wird von der Bildungskultur der Erwachsenen. Statt dessen besingt sie die verantwortungsbewußte Durchdringung des geheiligten Inneren.

Man könnte entgegenhalten, daß das, was ich sage, selbst ein Beispiel ist für die Art und Weise, in der die Poesie die Polis verführt, um sie den Verstehensregeln zu entziehen, durch die wir ihrem Charme widerstehen und ihre wahre Erkenntnis abschätzen könnten. Das Problem besteht in der politischen Erziehung und im Verständnis ihrer Aufgaben. Gibt es wirklich, wie einige behaupten möchten, nichts zu lernen von den Forderungen von Woodstock und der Mairevolte? Um eine solche Auffassung aufrechterhalten zu können, muß man akzeptieren, daß die Verbindungen zwischen Charakter und politischer Ordnung in der modernen Welt zerstört worden sind. Damit ist umgekehrt in gleicher Weise eine angebliche Realität zum Ausdruck gebracht, die sich uns entzieht wie die Sehnsucht nach der Utopie. Die Wahrheit besteht darin, daß die Realitäten – Religion, Politik, Soziolo-

---

7 Walter J. Ong, The Presence of the Word: Some Prolegomena for Cultural and Religious History, London/New Haven (Conn.) 1967, S. 92–110.

8 George Steiner, In Blaubarts Burg; Anmerkungen zur Neudefinition der Kultur, Frankfurt a. M. 1972, S. 125.

gie, Ökonomie und Psychologie – nicht länger nach irgendeiner evidenten Form geordnet sind und als solche eine Herausforderung darstellen. Und so stehen sie in Konkurrenz mit Alchimie, Magie, Mystizismus und der Lehre vom Weltuntergang.

Die Kinder von Woodstock sind ihrer eigenen Generation unsicher geworden. Sie wuchsen auf in den Konzentrationslagern der Vorstädte und Hochschulen, wo sie ihre Köpfe mit Haferflocken und Prüfungsproblemen vollstopften. Man verlangte von ihnen, ein Land zu lieben, das als Herz ein Einkaufszentrum hat. Sie gediehen auf der Grundlage jener kleinen weißen Lügen über Durchschnittsgeburten, Durchschnittstodesfälle, Durchschnittsträume und Durchschnittsmorde, die keinen Mittelpunkt haben, sondern im Kopf durcheinanderkreischen wie Polizeisirenen. Woodstock war eine Antwort auf die Heuchelei der nordamerikanischen Lebensform, die die Wahrheit zu *dem* politischen Tagesproblem machte und die Vulgarität zu ihrer Bindung an die Gnade und das Geschenk des Lebens. Woodstock war, wie Abbie Hoffman einmal gesagt hat, der Versuch, den Menschen auf der Erde Fuß fassen zu lassen. Das deutliche Scheitern von Woodstock machte sich nicht nur in Altamont bemerkbar. Es war schon gegenwärtig in seinem unbewohnbaren Ausgangspunkt, vorbestimmt durch seine eigenen Gebräuche und seinen Zyklus als Satellitenkonzern, der für lokalamerikanische Schwierigkeiten im Sinne universeller Vorgänge warb. Das Symbol für den Woodstockschen Selbstbetrug war der Hubschrauberdienst für Verkehrsunfallverletzte (durch den Organisator) und der Abtransport von «Speed»-Ausfällen. Die Musik von Woodstock ist das Lied von Vietnam, das die gleichen Quellen amerikanischer Jugend und Technologie benutzt und eine einfache Gesellschaft mit ihren autistischen Anstrengungen einstürzen läßt, um so die Aufmerksamkeit der Welt auf Amerikas unbeholfene Versuche zu lenken, das Menschsein aus Hunger, Kälte, Müdigkeit, Scheiße, Urin und Nacktheit zu bilden, während sie doch genaugenommen nichts anderes war als das Organisationsproblem eines der größten Unterhaltungskonzerne Amerikas.

Woodstock war eine Vorahnung auf die Tendenz amerikanischer Technologie, «fröhlich» zu werden, eine Abschußbasis für den Geist-Leib, der als greifbarer Wahnwitz auf den Trip geht, unbekümmert sich selbst als Katastrophengebiet ausbrütend und mit den je eigenen Bedürfnissen der Alltagswelt Scherz treibend. War Woodstock nichts mehr? Sollten wir besser seine Forderung, eine Polis zu sein, ignorieren oder seine Zelebrierung von Geburt, gemeinsamem Essen, gemeinsamer Liebe und Selbstgenügsamkeit – oder sollten wir es als ein ländliches Festival beiseite schieben? Wenn wir dies tun, gehen wir noch über die Widersprüche von Woodstock und über diejenigen des Woodstockschen Latrinenreinigers hinaus, der einen Sohn in Vietnam hat und einen andern irgendwo dort «draußen» in der Menge. Dieser Mann hat eine gewisse Schönheit der Integrität, die jedes Reden über eine Politik des Generationenproblems erübrigt und die Frage nach der

Einheit an die Gesellschaft zurückgibt, in der seine Erfahrung durchaus nicht ungewöhnlich ist und keine Anerkennung ihrer erduldeten Härte kennt.

Ähnlich Platons «Politeia». Woodstock ist ein «Höhlenglaube», der bedrängt wird von den eigenen Schutzengeln und umstritten wird von seinen Poeten und Philosophen. Die Fehler von Woodstock sind die gleichen wie die der Gesellschaft, deren Einbildungskraft der Sonne zugewandt ist, ohne die Wahlmöglichkeit zwischen Gut und Böse je zu erkennen. Woodstock ist eine Kollage der Gesellschaft, der gegenüber es als Selbstentfremdung und, außer im Sinne einer Grenzerfahrung, als gescheitert erscheint. Altamont ist deshalb weder die Folge noch das Ende von Woodstock, sondern lediglich das Resultat der amerikanischen Gewohnheit, die Erfahrung von Gut und Böse als Teil eines Wachstumsprozesses zu veräußerlichen, um so die Unschuld anhand ihrer Kinder hinter sich zu lassen.

Die Frage zum Verhältnis zwischen kultureller und politischer Revolution scheint uns in Realisten und Träumer zu spalten. In diesem Fall jedoch sind die Erscheinungen keineswegs trügerisch, d. h., die Entscheidungsmöglichkeiten der politischen Theorie sind tatsächlich Strukturen des Charakters. Die kulturelle Revolution ist zugegebenermaßen utopisch. Sie ist erfinderisch hinsichtlich Charakter und Gesellschaft. Darin jedoch wird sie als inadäquate Erkenntnis abgelehnt, die ja ganz offensichtlich von Soziologie, Ökonomie und Politik keinerlei Ahnung hat. Aber der implizite Realismus jener Gesellschaftswissenschaften ist, analytisch gesehen, nichts anderes als ihre eigene Unreife. Ihr Mangel an einem Entwurf, ihre ablehnende Haltung gegenüber der Utopie, all das sind Merkmale ihrer spezifischen Autorität. Diese Autorität jedoch wird einem unbewußten Ideal des Charakters und der sozialen Ordnung beigelegt, und zwar als Material eines fachlichen, aber planlosen Wissens.

Es geht hier nicht um die Frage einer Entscheidung zwischen dem Totalitarismus der Utopie und der liberalistischen Neigung einer zersplitterten Sozialwissenschaft. Um was es geht, ist eine noch nicht geborene Soziologie der Gesellschaft, die sich ihrer Begriffe von Ordnung und Charakter reflexiv bewußt ist. Indem man diese Frage vereinfacht, werden die Improvisationen der kulturellen Revolution empfänglich für die Auflösung der professionellen Sozialwissenschaft und ihrer fachlich-laienhaften Organisation des Wissens. Darin offenbart sich die Distanz zwischen dem «Sozialforscher» und jener Soziologie, die sich selbst als Arbeit am und mit dem Volke weiß. Solch eine Soziologie träumt vom Ende einer Hierarchie des Wissens und von der Entstehung einer genuinen sozialen Zusammenarbeit. Sie ist eine *wilde Soziologie* – dies nicht in dem Sinne, als wäre sie eine prähistorische Soziologie, sondern so, daß sie innerhalb der eigenen Geschichte, die die wilde Soziologie voraussetzt, es wagt, utopisch zu sein. Andererseits ist die Ignoranz, die die professionelle Soziologie bestimmt, exakt ihre eigene unhistorische Erkenntnis des Gegenwärtigen – modifiziert, um genau zu sein, durch ihre Konstruktion der Geschichte als einer Vergangenheit, aber niemals erhellt durch eine Projektion der Geschichte im Sinne einer Utopie. Während die etablierte Soziologie mit der Verwaltung der existierenden sozialen Ordnung beschäftigt bleibt, ist die wilde Soziologie frei, Szenarien alternativer Ordnungen zu projektieren. Genau das ist das Problem, um das es geht in der Krisis westlicher Soziologie und Gesellschaft, die diese reflektiert. Genau aus diesen Gründen auch verwandelt sich das individuelle Bewußtsein von der Qualität des alltäglichen Lebens – seiner Gegenstände, Bedürfnisse, seines Raumes und seiner Zeit – in die Bedeutungslosigkeit der unternehmensinternen Arbeitsabläufe. Die Politik der Erfahrung repräsentiert den Umsturz menschlicher Werte am Tiefpunkt des Alltagslebens in der städtisch-industriellen Welt: Sie ist das, was Henri Lefèbvre den «Nullpunkt» der sozialen Erfahrung nennt, wo eine Art irrationalen Asketismus unter einem offensichtlichen Überfluß und einer deutlichen Rationalisierung sichtbar wird, die beide unsere Lebensweise beherrschen, jedoch niemals so total, daß eine gegenkulturelle Reaktion unmöglich wäre.[9]

Damit ist nicht gesagt, daß die kulturelle Revolution der einzige zeitgemäße revolutionäre Weg ist. Der Grund dafür liegt nicht darin, daß es vielleicht eine innere «politische» Strategie der Revolution gäbe. Vielmehr glaube ich, daß man auf die Armut unserer Kultur als einer Quelle revolutionärer Umwälzung zurückgehen muß und sollte. Dies bedeutet, ihre Fehler, Klassenvorurteile, ihre Unzulänglichkeit und Frivolität abzuwägen. Dies bedeutet auch, die Mutlosigkeit einer Kultur zu erfühlen, die als Eigentum der Experten gilt, die sich prostituiert und die destruktiv ist, was den eigentlichen Stil des Lebens angeht, der ja das grundlegende Versprechen jeglicher Kultur ist. Zugleich wird es notwendig sein, am wirklichen Nullpunkt der Kultur diese an ihr Versprechen einer Transformation des Alltagslebens zu erinnern, nicht so wie eine Leinwand, die zur «tabula rasa « gereinigt werden soll, sondern eher im Sinne des «lumen naturale» des Menschen.

Diese Kraft zur Umbildung ist nicht sofort unter all der Vulgarität und dem Dreck von Woodstock oder der Mairevolte sichtbar, jedoch ist dies der Weg einer wilden Soziologie in die Welt, die sie nur betreten kann durch Eigenspott, nihilistische Flirts und durch eine je eigene Gewaltsamkeit, die sie sonst zu vermeiden trachtet. Ihre Form ist profan, da ihre Hilfsmittel nichts anderes sind als die Welt und ihre um Verbesserungen kämpfenden Menschen. Es ist leicht, sich zynisch zu äußern über die Organisation und die Reklame der «Rock-ins» und «Maybe's», sie in einer Phrase aufzulösen, ihren *Logos* in den Abfallkorb der Mode zu entleeren. In der Tat, Spontaneität, Fröhlichkeit und Konsumverweigerung, die diese Ereignisse konstituieren, machen es unvermeidlich, daß die Teilnehmer diesen «Logos» «übersteigern», daß sie unfähig werden, ihren Enthusiasmus aufrechtzuerhalten, und dann auseinandergehen wie in Altamont, Paris oder sonstwo. Die Kritiker werden von einem Fehlschlag sprechen und davon, was klugerweise

9 Henri Lefèbvre, Das Alltagsleben in der modernen Welt, Frankfurt a. M. 1972.

getan werden muß innerhalb der Grenzen einer ganz und gar nicht verklärten Welt, einer Welt, die ohne Ausgelassenheit lebt und den Enthusiasmus vermeidet zugunsten von Schubladenkategorien wie Politik, Geschichte oder Soziologie.[10]

Woodstock ist die Geschichte von der Maschine im Garten der Natur, einer Musikmaschine unserer Zeit, um genau zu sein, dennoch gefangen in der Verwüstung und Verheißung des Gelobten Landes.[11] Wie die Eisenbahn und der Telegraf, die beide den Hintergrund bildeten für die «Erziehung von Henry Adams», so sind die Rockmaschinen von Woodstock die Antriebsmotoren einer neuen Seelsorge und das Medium jener «zwei feindlichen Lebensformen», die noch immer die Sommer und Winter der amerikanischen Jugend beherrschen wie schon damals, als Henry Adams noch ein Junge war.

«Winter und Sommer waren dann zwei feindliche Lebensformen und erzeugten zwei verschiedene Naturen. Winter war die Anstrengung zu leben; Sommer war tropische Üppigkeit. Ob die Kinder im Gras rollten, im Bach wateten, im salzigen Meer schwammen, in der Bucht segelten, in den Flußmündungen nach Stinten fischten, mit Netzen Elritzen in den Salzsümpfen fingen oder in die Kiefernwälder und in die Granitsteinbrüche liefen, Bisamratten und Alligatorschildkröten in den Sümpfen jagten, Pilze und Nüsse auf den herbstlichen Hügeln suchten – Sommer und Land bedeuteten immer sinnhaftes Leben, während Winter immer erzwungenes Lernen war. Sommer war die Vielfalt der Natur, Winter war Schule.

Der Einfluß der beiden Jahreszeiten auf Henry Adams' Erziehung war keine bloße Einbildung; er war die stärkste Kraft, die er je kennenlernte, er durchzog sein Leben und machte die Trennung aus zwischen seinen verwirrenden, widerstreitenden, unversöhnlichen Problemen und unverminderbaren Gegensätzen, die er bis zum letzten Lernjahr noch steigerte. Von frühester Kindheit an war der Knabe daran gewöhnt zu fühlen, daß für ihn das Leben doppelt war. Winter und Sommer, Stadt und Land, Gesetz und Freiheit waren einander feindlich, und der Mensch, der vorgab, sie seien es nicht, war in seinen Augen ein Schulmeister – das heißt ein Mann, den man dafür bezahlte, daß er kleinen Buben Lügen erzählte.»[12]

In Nordamerika sind das Land und seine Jahreszeiten genauso gegliedert wie die staatliche Gemeinschaft. Sie sind elementar für den Ausdruck des Konflikts im politischen Leben; deshalb können wir auch nicht die Musik und die Lieder ignorieren, in denen dieses Land die Gestalt einer Erneuerung des politischen Dialogs annimmt. In unseren Tagen ist der Kampf der

---

10 Alfred Willener, The Action-Image of Society: On Cultural Politization, Tavistock Publications 1970.

11 Leo Marx, The Machine in the Garden: Technology and the Pastoral Ideal in America, New York 1964.

12 Die Erziehung des Henry Adams, von ihm selbst erzählt, Zürich 1953, S. 18–19.

Vernunft ein Kampf, der darum geht, die privaten und die öffentlichen Bereiche der Erfahrung, die in die Strukturen des sinnlichen und des rationalen Diskurses aufgeteilt wurden, wiederzuvereinen. So schreibt Marcuse: «Der Kampf ist dann gewonnen, wenn die obszöne Symbiose der Gegensätze beseitigt ist – die Symbiose zwischen dem Spiel des Meeres und den Todesindustrien an seinen Küsten; zwischen dem Flug der Vögel und dem der Air-Force-Düsenjäger; zwischen der Stille der Nacht und dem Geknatter der Motorräder. Erst dann werden die Menschen frei sein, den Konflikt zwischen den Fifth Avenues und den Gettos, zwischen Zeugung und Völkermord zu lösen. Auf lange Sicht ist es unmöglich, die politische Dimension noch von der ästhetischen, die Vernunft von der Sinnlichkeit, die Barrikade von der Liebe zu trennen. Natürlich wird das Haß hervorrufen – aber nur den Haß gegen das, was unmenschlich ist; dieser ‹gute Haß› ist ein wesentlicher Bestandteil der Kulturrevolution.»[13]

In diesem Vorhaben sind der Dichter und der Künstler Vermittler innerhalb der Erneuerung des Dialogs zwischen mythischen Archetypen hinsichtlich eines Platzes des Menschen in der Welt sowie der platonischen Anordnung jener Archetypen von Wahrheit, Schönheit und Gerechtigkeit unter der philosophischen Herrschaft des angewandten Guten.[14] Die Privatisierung der Erfahrung, worin sich die moderne Gesellschaft auszeichnet, rührt wesentlich von der Natur ihrer Arbeits- und Denkprozesse her. Die antike Erkenntnis war innerlich gebunden an den Bereich der Politik, an das Feld des Handelns und des geschichtlichen Ruhmes. Sie wurde angeregt von den Beziehungen zwischen Mythos und Gedächtnis. Diese Bindungen wurden jedoch zerbrochen in der selbstverabsolutierenden Arbeit des modernen Kapital- und Kulturmenschen. Heute können Dichtung und Politik wie auch Kunst und Technik nicht länger getrennt bleiben, wenn wir die Bindungen zwischen Körper und Geist wiederherstellen und jene Gemeinschaft der Sinne erneuern wollen, die die Grundlage unseres politischen Lebens ist. Deshalb ist letztlich jede Politik eine Sache der *Erziehung* und jede Erziehung eine Form der *politischen* Erziehung. Und dies ist eben der Grund für jenen langen Streit zwischen Dichtung und Philosophie über die wahre Natur des «politischen Leibes».

---

13 Herbert Marcuse, Konterrevolution und Revolte, Frankfurt a. M. 1973, S. 150.
14 John O'Neill, Authority, Knowledge and the Body Politic, a. a. O.

VII. Soziologie als hautnahes Geschäft

Die Soziologie verdankt ihr Schicksal der Tatsache, daß nichts den Menschen mehr beschäftigt als der Mensch selbst. Wir sind ebensosehr über das Unglück anderer wie über unser eigenes Glück entzückt. Jedes unserer Bedürfnisse betrifft irgend jemanden mit. Das große Geflecht menschlicher Verwicklungen, das aus unserer Unfähigkeit gewoben ist, ohne die Liebe und die Arbeit anderer leben zu können, erregt unser ständiges Erstaunen. Es ist der Rahmen für alles, was uns wichtig erscheint.

Soziologie bedeutet Studium der Menschen. Sie ist ein Zeitvertreib mit dem Anspruch auf Wissenschaftlichkeit. Soziologie kann im Sessel oder im Bus, in Straßencafés oder an der Universität betrieben werden. Soziologie ist Teil des Familiengeschehens, der Nachbarschaftsbeziehungen, der Jugendbanden und Slums. Soziologie gehört im Alltagsleben zur Verschlagenheit der Vertreter und Zuhälter oder zum Charakterbild des sprichwörtlichen Barmanns und Taxifahrers. Dies bringt die Soziologie vor allem dann in Verlegenheit, wenn sie nach Wissenschaftlichkeit, Reichtum und Organisation strebt. Soziologie, ernsthaft betrieben, ist ein Beruf wie das Priesteramt oder die Prostitution. Die Soziologen bekunden gewöhnlich keine Sympathie für Priester, obgleich sie zu diesen oftmals freundlicher sind als zu Sozialarbeitern. Dies ist eine Sache des Berufsethos. Aus gewissen Gründen sind Prostituierte den Soziologen lieber als Priester oder Polizisten, und so wurden sie naturgemäß zu deren Beschützern. Dies ist eine Sache des Berufsneides; es ist Teil eines Kampfes um Seelen oder Klienten – wie man sie heutzutage zu nennen pflegt. In dem Maße, wie soziologische Alibis bequemer sind als Sündenbekenntnisse, gehört die Welt der Soziologie und kommt ohne Priester aus. Niemand merkt, daß der Soziologe, der Polizist und die Prostituierte sich daranmachen, die Welt unter sich aufzuteilen, und zwar in Form einer Dreigroschenoper von reicher Wissenschaft und bedürftigem Bettlertum.

Soziologie hat für junge Leute, die sich schmerzlich ihrer selbst und anderer bewußt sind, eine natürliche Faszination. Soziologie rüttelt den Ernst der Jugend auf und weckt ihren Sinn für Gerechtigkeit und unbeschwerte Neugier. Gleichzeitig droht die Komplexität gesellschaftlicher Probleme die jugendlichen Geister zu erdrücken und ihren natürlichen Idealismus allzu stark zu beanspruchen. Aus diesem Grund ist die Jugend manchmal teilnahmslos und sogar zynisch. Viele junge Leute kommen auf die Universität mit dem unbestimmten Gefühl, daß sie nun des natürlichen Schutzes von Heim und Familie beraubt sind. Sie spüren, daß Heim, Schule und Kirche auf dem sozialen Bewußtsein lasten wie jene abgelegenen Regionen, in denen die Leute gezwungen sind, ihre Kinder auf der Suche nach Jobs und Unterhaltung in die Stadt zu schicken. In diesem Sinn gärt es in der gesamten heutigen Jugend, die in den Gettos, Vorstädten und Kolonien einer Welt der Wirtschaftskonzerne lebt. Für junge Leute ist die Universität zu einer lebenswichtigen Station innerhalb der Bürgerrechtsbewegung geworden, die ja im wesentlichen eine Jugendbewegung war, ohne Rücksicht auf die Hautfarbe. Dennoch sind die Berufssoziologen von diesen Vorgängen überrascht worden. Es ist halt nicht bequem auf diesen «Sit-ins», «Teach-ins» und «Ride-ins».

Die heutige Jugend ist bemerkenswert wegen ihrer Solidarität. Sie hat einen Sinn für die Gemeinschaft, der der Verpflichtung auf die Welt-Erfolgs-Werte einer auf Organisation ausgerichteten Gesellschaft Widerstand leistet. Zugegeben, die Jugendgemeinschaft ist genausogut in der Gefahr, «Hasch» als politische Meinungsbildung zu wählen, um so ihre eigenen Werte auszudrücken. Aber ob nun Marschieren oder Rauchen, die Jugend macht in jedem Fall die Erfahrung einer libidinösen Solidarität, die das repressive Konkurrenzverhalten marktwirtschaftlich-ideologischer Politik herausfordert. Jugend ist eine Kraft zur Entmystifizierung. Aus diesem Grund hat sie Freude an Märschen und Demonstrationen für eine buchstäblich greifbare Verkörperung jener Argumente, die in den Slogans oder offiziellen Verlautbarungen nicht zum Zuge kommen können. Bei der Anti-Vietnam-Demonstration erinnerten sie uns an die evidente Wahrheit, daß Krieg schlecht sei, weil er Liebende trennt und junge Menschen tötet, die keinerlei Freude an Reglementierung haben. Sie gaben den Älteren zu bedenken, daß sie ein System betreiben, das sich Kinder als Kanonenfutter leistet und es zuläßt, daß andere Hungers sterben oder ihrer Freiheit beraubt werden. Sie erzählten uns, daß unsere Kinder die Blumen dieser Erde sind und daß wir dennoch eine Polizei brauchen, sie zu zertrampeln.

Es besteht wohl kaum ein Zweifel daran, daß die heutige Jugend teilnimmt an den Veränderungen in der Welt. Die Studenten sind an der Soziologie interessiert, weil diese ein Teil ihrer Welt und schon längst in ihr Bürgerbewußtsein eingedrungen ist. Man muß ihnen nicht ständig in den Einleitungskapiteln ihrer Einführungsliteratur vergewissern, daß die Soziologie eine Wissenschaft sei. Lediglich die Soziologen selbst beschäftigt diese Frage, wenn ihre fachliche Lage zu Besorgnis Anlaß gibt. Was auch der Grund sein mag, Soziologie hat ihren Platz in dieser Welt, sie hallt wider in der Sprache des Alltags, aufbewahrt im Schrein der universitären Lehrfächer. Dieser Eigenart wegen wählen die Studenten das Fach Soziologie; denn sie erwarten von ihr, daß sie für ihr Alltagsleben relevant ist. Mit den wichtigen Dingen wie Krieg, Rasse, Armut, Wissenschaft und Bürokratie sind diese Studenten vertraut. Sie praktizieren schon längst eine Popularsoziologie, die sich aus ihrer Erfahrung mit dem System und der Konfrontation entwickelt hat. Dennoch, in Seminarräumen treffen die heutigen Studenten auf ein völlig befremdendes Relevanzschema gemäß der Diktion von Szientismus, Wertfreiheit und professionellem Soziologismus.

Der entscheidende Punkt dieser einleitenden Bemerkungen besteht somit darin, klarzumachen, wie sehr die heutige Jugend mit dem Volk verbunden ist. Es geht mir darum, deutlich werden zu lassen, daß ihr volksnahes Engagement weder ein eigentlich wohltätiges noch ein rein politisches ist. Es ist ein libidinöses und expressives, das teilweise religiös, potentiell politisch, aber vor allem sozial ist. Ihm liegt der Glaube zugrunde, daß die Dinge besser vorankommen, wenn man auf der Seite des Volkes ist und nicht sein Gegner. Es ist eine Überzeugung, die für die Älteren unbequem ist und seltsamerweise auch eine solche, die sie selbst entschärfen müssen, wenn sie sich als Sozialwissenschaftler etablieren wollen.

Die Studenten jedoch, trotzig dreinblickend und offensichtlich von sich selbst überzeugt, kommen zur Soziologie, da sie glauben, es gehe ihr um das Volk und sie leiste einen Beitrag zum Verständnis und zur praktischen Verbesserung der zwischenmenschlichen Beziehungen. Sie erwarten, daß sie mit Hilfe von etwas sozialwissenschaftlichem Wissen in der Lage sein werden, «mit dem Volke zu arbeiten». Nun ist aber nichts besser für die Verunsicherung des sozialwissenschaftlichen Berufs geeignet als die Aufrechterhaltung jenes verbreiteten Glaubens, die Soziologie beinhalte eine volksnahe Arbeitsweise. Studenten, die diese Meinung weiterhin vertreten, sind als Radikale und Aktivisten verschrien. Man sieht in ihnen einen Rückfall in jene Zeiten, als das akademische Establishment noch nicht unterschied zwischen Sex, Sozialismus und Soziologie. Der Wissenschaftsstatus der Soziologie wurde nur unter vielen Opfern verwirklicht und ist in einem starken Maße abhängig von der Ausscheidung all jener, die Sympathien hegen für Sozialarbeit oder für politisch-gesellschaftliches Handeln. Es gibt heute Anzeichen dafür, daß diese Konzeption der beruflichen Rolle eher zu jener Generation gehört, die in der Soziologie Karriere machte, und nicht zu jener jetzigen Generation von Studenten, die die Zweifel hinsichtlich des Status von Wissenschaft und Überfluß nicht teilen. Es sind nämlich nicht die beruflich entfremdeten oder die Soziologiestudenten aus ärmeren Schichten, die sich auf die aktivistische und volksnahe Konzeption der Soziologie stützen. Die Wahrheit, der sich die ältere Generation professioneller Sozialwissenschaftler gegenübersieht, besteht in der Tatsache, daß die «schlechten Zeiten» zurückkehren, sowie in der unausweichlichen Verquickung der Soziologie mit den Übeln der Gesellschaft. Seltsam genug, während die älteren professionellen Sozialwissenschaftler in dem Priester ein Schreckgespenst schlechter Zeiten sahen, betrachten heutzutage die jüngeren Soziologen die älteren Techniker und Fachleute als die Hohenpriester einer Bürokratisierung des Geistes und der Denkweise, die sie für einen Großteil der gesellschaftlichen Malaise verantwortlich machen.

Die direkte Arbeit mit den Leuten schafft eine verblüffende Vielfalt von Praxisvollzügen, die ich als «hautnahes Geschäft» bezeichnen will. Die Leute brauchen einen Haarschnitt, Massagen, zahnärztliche Behandlung, Perükken und Brillen, Soziologie und Chirurgie, genauso wie Liebe und Rat. Eine große Zahl von Leuten ist damit beschäftigt, andere auszustaffieren, zu schmücken, wiederherzustellen, zu amüsieren, zu beschwatzen, einzuschränken und einzusperren. Die Arbeit am Volke umgibt eine spezielle Aura. Die Arbeit des Priesters, Arztes und Missionars wird als heilig angesehen, die Arbeit der Prostituierten, des Taschendiebes und des Unternehmers als profan. In Wirklichkeit sind all diese Geschäfte Formen einer unsauberen Arbeit am Volke. Umgekehrt, mit Ausnahme des Taschendiebes, könnte man all diese Geschäfte als heilige Beschäftigungen auffassen, und zwar wegen des auf Wiederherstellung und Vervollständigung der Person abzielenden Zweckes.

Arbeit am Volke ist ein prekäres Unternehmen, und so sind die «hautnahen Geschäfte» speziell gekennzeichnet durch jene ambivalente Aura der Heiligkeit und Profanität, die den menschlichen Leib umgibt. Aus diesem Grund definiert jede Gesellschaft Zustimmungs- und Ablehnungsrituale, um die Kontakte zwischen den Leuten, den Geschlechtern und den Geschäften dirigieren zu können. Die beziehungsmäßige Gesamtheit des sozialen Lebens ist natürlicherweise als ein Leib dargestellt, bei dem die geistigen Funktionen für Gebet und Denken frei bleiben, während die niederen Ordnungen die Dreckarbeit verrichten. In dieser Ordnung der Dinge sind die «hautnahen Geschäfte» traditionsgemäß einer niederen Kaste zugehörig; ihre Dienste waren erforderlich, um die höheren Kasten heilig und somit frei zu halten von körperlichen Unreinheiten. Die niederen Kasten schneiden Haare, waschen Kleider, reinigen die Toiletten und richten die Leichen für das Begräbnis her. Mit der pflichtgetreuen Erfüllung dieser Aufgaben tauschen die niederen Kasten die Möglichkeit für eine Änderung in diesem Leben gegen die Gewißheit dieser Änderung im nächsten Leben. Diese soziale Arbeitsteilung ist zudem ausgedrückt in einer Konzentration der «hautnahen Geschäfte» auf bestimmte Örtlichkeiten einer Stadt, so z. B. in der Umgebung des Hafens, des Bahnhofs oder des Marktes. Mit ihrer hektischen Geschäftigkeit und ihrem Menschengewimmel symbolisieren diese Gebiete den Stoffwechsel des sozialen Lebens. Sie bilden den Hintergrund für Barschlägereien, Prostitution, Zuhälterei und missionarische Tätigkeit. Häfen, Märkte und Bahnhöfe sind die Leibesöffnungen der Gesellschaft. Als solche erregen sie die Angst der Gesetzes- und Ordnungskräfte, die im symbolischen Zentrum des gesellschaftlichen Organismus angesiedelt sind. Wenn die Soziologie erst einmal das Haus der Regierung betreten hat, wird auch sie ängstlich in bezug auf Randerscheinungen, Ordnungswidrigkeiten und Abweichungen.

Man kommt der Soziologie am nächsten, wenn man sie als «hautnahes Geschäft» auffaßt. Das bedeutet keineswegs, daß Soziologie nicht als Beruf oder Wissenschaft zu gelten hat. Es besagt bloß, daß Soziologie gezwungen ist, den Status einer Wissenschaft und eines Berufs in Anspruch zu nehmen, weil dies das Dilemma der «hautnahen Geschäfte» in der modernen Welt ist. Es bedeutet zudem, daß die wissenschaftliche Ausrüstung des Sozialwissenschaftlers wie auch diejenige des Zahnarztes, der Kosmetikerin oder des Apothekers mehr bezogen ist auf die Form der Geschäftsführung als auf das eigentliche Wesen seines Aufgabenbereichs. Denken wir nur an das Dilemma des Zahnarztes. Als eine Art Mund-Grubenarbeiter ist er in einem dunklen Loch damit beschäftigt, Zahnlöcher zu füllen, Mundgeruch zu stoppen, Zahnfragmente herauszubrechen und neu einzusetzen. Um sein Gesicht als Fachmann zu wahren, ist es für ihn wesentlich, mehr Zeit auf die Oberfläche zu verwenden als auf das Zähnebohren. So sorgen die Innenausstattung, die Sprechstundenhilfe, die Arzthelferin und die parachirurgische Aufmachung des Behandlungsraums für die notwendige Choreographie seiner fachmännischen Aktivitäten. Sie versetzt ihn in die Lage, seine Zahnarbeit im Rahmen einer Fachmann-Klient-Beziehung zu rekonstruieren.

Der größte Teil des soziologischen Systems dient – so meine ich – einem Ritual von Entseuchung zwischen dem Wissenschaftler und seinem Aufgabenbereich. Es ist wesentlich, daß der Soziologe seinen Gegenstand allein mit den Augen des Fachmanns sieht und dem Blick widersteht, der in den Augen der Kranken, Armen und Ziellosen liegt und mit dem sie seine Frage an ihn zurückgeben. Bei diesem Vorgehen ist die erotische Vereinigung im Gespräch reduziert auf den Fragebogen und die Beobachterhaltung, in der der Klient sich vor dem berufsmäßigen «Voyeur» exhibitioniert. Da der soziologische Apparat an Größe und Komplexität zunimmt, muß er in Büros und Instituten untergebracht werden, und seine Dienste können nur noch von reichen Klienten in Anspruch genommen werden. Das hat den Nachteil einer «geschlossenen Soziologie», die außerhalb der Massenszenen, Katastrophen und Tumulte steht. Er erfordert vom Soziologen zudem Normen des Anstands, die es ihm schwermachen, in die Welt des Verbrechens, der Sexualität, Rasse und Armut hinabzusteigen. Der Berufssoziologe ist merkwürdigerweise Gefangener seiner eigenen Kaste.

Meiner Ansicht nach ist Soziologie eine symbiotische Wissenschaft. Ihr Zweck besteht darin, dem Volk das zurückzugeben, was man ihm genommen hat. Dies gilt für jede Kultur; aber die Soziologie, mehr als andere Disziplinen, verspricht, dies zu einer praktischen Wahrheit zu machen. Damit ist nicht gesagt, daß die Soziologie nicht der anderen Wissenschaften bedarf; im Gegenteil, sie setzt andere Natur- und Geisteswissenschaften voraus. Aber sie hat ihren eigenen Aufgabenbereich, wenn es um das Bedürfnis geht, die Verbindungen zwischen individueller Erfahrung und der durch den institutionellen Rahmen von Technologie, Wissenschaft und Politik betriebenen Umwertung menschlicher Empfindungsmöglichkeiten zu artikulieren.

Aber mit ihrem Drang, eine Wissenschaft zu werden und ihren Mitgliedern einen professionellen Status zu verleihen, hat die Soziologie den ganzen wissenschaftlichen Pomp übernommen. Sie hat sich in einer bürokratischen Organisation verfangen, die der institutionelle Ausdruck ist für den Prozeß der Rationalisierung, der ja das Schicksal der modernen Wissenschaft und Technologie bestimmt hat. Die gleichen Prozesse der Rationalisierung kontrollieren Auswahl und Organisation der Daten, die im Interesse von Kundenprojekten gesammelt werden und die somit vom öffentlichen Leben und von der Arbeit der Leute profitieren. Der sozialwissenschaftliche Anfänger wird durch diese Projekte ebenso ausgenutzt wie jene Leute, denen sie angeblich zugute kommen sollen. Er lernt das Sammeln und die Manipulation von Daten, die ebensosehr wegen ihrer Eigenschaft zur maschinellen Speicherung als auch wegen ihrer Bedeutung für die praktisch-sozialen oder theoretischen Untersuchungen ausgewählt werden. Im Tausch allerdings für die Einschränkung seines Denkens auf triviale Verallgemeinerungen oder auf jene gängigen Korrelationen, die verstreut in soziologischen Zeitschriften vorkommen, wird der sozialwissenschaftliche Anfänger seiner Akzeptierung im sozialwissenschaftlichen Fach versichert. Er ist um so mehr bekehrt, je stärker er die Macht fachlicher Methode und Organisation durchdenkt, die ja eine Augenblickssoziologie wie die der «Berkeley Free Speech Movement» von Verbrechen und Gewalt auf der Straße oder von Armut und Überfluß hervorbringen kann.

Der tiefgehendste Schock, den der sozialwissenschaftliche Anfänger erfahren kann, tritt dann auf, wenn er mit der berufsmäßigen Neutralisierung seines Sinns für Relevanz und Beziehung konfrontiert wird. Dies erreicht man auf verschiedenen Wegen. Jeder Neuling lernt die Unterscheidung zwischen Fakten und Werten. Zweck dieser Unterscheidung ist es, ihn davon zu überzeugen, daß der Untersuchungsraum ein Laboratorium ist, das nur verunreinigt werden kann durch sein eigenes Alltagswissen über gesellschaftliche Klassen, Rasse, Krieg, Armut, Sex und den eigenen Leib. Betrachten wir die Sache von einer anderen Seite, so muß man sagen, daß viele Studenten zur Soziologie kommen, weil ihre Fragestellungen sich für sie in ihrem alltäglichen Umgang mit anderen, mit dem Getto, der Polizei, dem Militär und der Verwaltung entwickelt haben. Sie trafen auf das «System» an der höheren Schule, bei den Kämpfen mit Universitätsbürokraten, Stadträten und der sublimen Indifferenz der meisten Leute. Sie sind nicht zufrieden mit der abstrakten Problemstellung, was z. B. bestimmte Organisationsformen mit der Nichtkalkulierbarkeit anfangen. Sie wollen gern wissen, welches im einzelnen die mächtigsten Verbände sind, oder sie stellen Fragen wie die folgenden: Wie ist das Leben in diesen Institutionen? Wie ist die bevölkerungsmäßige Zusammensetzung ihrer Produktivkräfte? Welcher Prozentsatz ihrer Produktion ist für militärische Zwecke bestimmt? Was bedeuten ihre Aktivitäten in kolonialen Ländern für die Lebensweise der Menschen dort? Kurz, sie wollen gern wissen, welche Organisationsformen verantwortlich sind für die Verteilung von Komfort und Sicherheit für wenige sowie Armut und Gefahren für die übrigen. Sie wissen, daß sie auf diese Fragen keine Antworten von einer Soziologie bekommen, die sich auf statistische Daten verläßt und niemals versucht, die Konsequenzen der organisatorischen Rationalität auszuloten.

Diese Fragen werden häufig als aktivistisches Engagement zurückgewiesen. Das ist kurzsichtig, denn solche Fragen fordern von der Soziologie, daß sie konkret ihren eigenen Sinn für die Relevanz der Dinge überprüft. Sie erinnern den Fachsoziologen daran, daß seine eigenen Ismen wie z. B. Egoismus, Szientismus und Opportunismus unübersehbar sind. Sie bilden eine Herausforderung für die optimistische Annahme einer Normalitätstheorie, die davon ausgeht, daß sich die Daten selbst zu einer umfassenden Antwort auf jene schwerwiegende Frage verdichten, an der inzwischen niemand mehr ein Interesse hat.

Zur soziologischen Entzauberung führt nicht nur ein einziger Weg. Die Unterscheidung von «Faktum» und «Wert» ist eine jener Einrichtungen, mit der der studentische Sinn für Relevanz umgeformt wird. Beliebt ist auch die Methode der «soziologischen Höhenkrankheit». Die Strategie in diesem Fall besteht darin, den Ethnozentrismus junger Studenten mit einer verwirrenden Folge von höchst exotischen soziologischen und anthropologischen Erscheinungsbildern zusammenzubringen. Der Zweck scheint hier zu sein, den Soziologiestudenten davon zu überzeugen, daß alles auch anders sein kann – ein Verwirrspiel, das gewöhnlich reserviert bleibt für Studenten philosophischer Einführungskurse.

Heutzutage verlieren solche «Trips» ihre Kraft zur Umwandlung von Studenten, die ihr Leben experimentell und spontan gestalten. Wie dem auch sei, sobald sie entdeckt haben, daß das «Highsein» des Soziologen auf einem Funktionalismus oder einem sozialen Determinismus beruht und daß er niemals verstanden hat, was sie mit Individualismus und Gemeinschaft gemeint haben, wenden sie sich jenen zu, die sonst immer die Dummen sind. Ausschlaggebend ist nämlich, daß so viele junge Studenten für sich selber schon durchdacht haben, was es bedeutet, anderen Leuten so zu begegnen, wie sie sind, sie zu kennen, ohne daß man einen Zugang zu ihnen hat, der als esoterischer gekennzeichnet ist, oder wo eine Trennung von ihnen nichts anderes ist als das Zum-Abschluß-Kommen einer «intensiven Zeit unter Menschen».

Immer wenn man auf eine Gruppe von Soziologiestudenten trifft, weiß man, daß die Soziologie sich nicht in sich selber zurückziehen kann. Dies wird nur möglich, wo wir es unserer Ausdrucksweise gestatten, die Bedeutung von jener Sprache und Welt abzuziehen, zu der sie uns hinführt. Dennoch muß die Soziologie ihren eigenen Ausdruck entsprechend ihrer eigenen Erfahrungsweise finden. Vieles von dem, was ich gesagt habe, mag für die Fachsoziologie fragwürdig klingen. Wenn es nicht darüber hinausgeht, wird es dem jungen Soziologen nichts nützen. Meiner Ansicht nach muß der Sinn für einige jener Grundmetaphern geweckt werden, die in der Soziologie als «Geschäft», «Kunstfertigkeit» oder als «Betätigungsfeld» Anwendung finden. Diese Metaphern erinnern uns an die Mühe und den Schweiß soziologischer Arbeit. Zugleich erinnern sie uns daran, daß die Soziologie bloß ein Weg ist, um seinen Lebensunterhalt zu verdienen, und daß sie für sich nicht in Anspruch nehmen kann, mehr für das öffentliche Wohl zu tun als andere. Dies bedeutet, daß wir dann, wenn wir lehren, andere in unsere Obhut nehmen, und umgekehrt, daß wir uns für das hergeben müssen, was sie brauchen, um sich zu entwickeln und um mit sich identisch zu werden. Junge Leute wollen arbeiten. Wir müssen ihnen die Tätigkeitsbereiche zeigen und die Art und Weise, in der wir uns um sie kümmern, damit sie an dieser Arbeit interessiert bleiben. Es gibt keinen eindeutig festgelegten Weg für das, was Soziologie tun muß, auch wenn wir uns darüber im klaren sind, was in ihrem Aufgabenbereich wichtig und vorrangig ist. Der praktizierende Soziologe muß sich vor sich selbst, seinen Kollegen und den restlichen Menschen verantworten.

Indem ich die Soziologie ein «hautnahes Geschäft» nannte, wollte ich ihre symbiotischen Bindungen an den «politischen Leib» erneuern und sie in Beziehung setzen zu dem Austausch von organischen Bedürfnissen und jenen utopischen Zeremonien einer libidinösen Gemeinschaft, die jeglichen Verstehenshorizont überschreiten. Dies bedeutet, daß die Sprache des Szientismus in der Soziologie wie auch diejenige ihres Humanismus an der Common-sense-Bedeutung des Alltagslebens gemessen werden muß. Sie gemahnt uns, daß die Gesellschaft reicher ist als die Soziologie und daß trotz aller Wissenschaft die Welt immer noch das Geheimnis und die Leidenschaft der mitmenschlichen Existenz ist.

«Peinigend widerwärtige Geschichten! …

... Eine derselben drängt mich in diesem Augenblick, an Sie zu schreiben. Mit Widerwillen entschließe ich mich dazu, denn ich muß wieder Geld von Ihnen verlangen ... Meine Mittel sind erschöpft. Von einer Summe von 2000 Franks, die ich jüngst von meinem Oheim erhielt, habe ich 700 an deutsche Hungerleider spenden müssen. Heute müssen Sie wieder helfen und unverzüglich einen Betrag von fünfhundert, sage fünfhundert, Franks zu meiner Verfügung stellen. Wenn ich sie nicht gleich habe, kann es nichts helfen. Sie werden sehen, ich verwende sie auf eine höchst nützliche Art, und ich erspare Ihnen Noth und Schererey.»

So schrieb Heinrich Heine am 6. April 1835 an Giacomo Meyerbeer, den er öfters um Geld anging. Heines Gegendienste: Er unterließ es nach der Zahlung, bissige Artikel über Meyerbeers Opern zu veröffentlichen. Meyerbeer klagte: «Als ich vor sechs Monaten Paris verließ, hat er mir 500 Franken abgepreßt, und jetzt bei meiner Ankunft wieder 500 Franken. Bei jetzigen Zeiten ist das viel Geld ...»

Summa summarum: Aus Büchern und Briefen erfährt man nicht nur von so ehrbaren Wegen zum Geld, wie sie über Sparbücher und Pfandbriefe führen.

VIII. Der produktive Leib

Ich behaupte, daß der menschliche Leib eine wesentliche Quelle ist für die Errichtung einer Ordnung innerhalb einer Gesellschaft und politischen Ökonomie. Auf den ersten Blick ist ein solches Argument durchaus nicht einleuchtend. In der Tat, der Leib wird im allgemeinen aufgefaßt als Sinnbild der Spontaneität, der unbeherrschten Begierde und irrationaler Bedürfnisse, wodurch es für jene Kräfte, die mit Vernunft und Ordnung in einer Ebene liegen, notwendig wird, das leibliche Verhalten als eine mögliche Bedrohung für die soziale Harmonie unter Kontrolle zu halten. Ich will weitgreifend jene allgemeinen Erscheinungsbilder der Kultur ausarbeiten, in denen verschiedene Aspekte des menschlichen Leibes mit dem Symbolismus der politischen und sozioökonomischen Ordnung verquickt sind. Ich werde sodann meine Aufmerksamkeit besonders der klassischen Metapher des *politischen Leibes* zuwenden und dabei speziell jener Verhaltensebene, die ich den *produktiven Leib* nenne, um so einige wichtige Erscheinungsformen moderner politischer Ökonomie abstecken zu können. Insgesamt bilden diese Untersuchungen ein Feld neuartiger Studien auf dem Gebiet der *Ethnoökonomie.*

In einer auf Erkenntnis ausgerichteten Kultur auf platonischer Grundlage ist die Feststellung, daß in der Welt der Empfindungen und Leidenschaften eine Ordnung oder irgend etwas von einer intelligiblen Ordnung gefunden werden könnte, auf den ersten Blick hin antiintuitiv. Dies läßt sich so in der Tat erst behaupten mit dem Aufkommen der modernen Welt und der Entwicklung jenes Komplexes von Institutionen, die wir grob die Entstehung der modernen Wissenschaft und des Kapitalismus nennen. Die Wertschätzung dieser Welt, mehr als irgendeiner anderen Welt, wird belohnt, wenn man nach jenen Dingen in dieser Welt sucht, die wir zu finden beabsichtigen. Der Empirismus benutzt unsere Hände und unsere Augen ungeachtet der Tatsache, daß er aus den kategorialen Systemen ein Höchstmaß an Gewinn zieht. Die Entscheidung wird gefällt durch die empirische oder auch weltliche Forschung, aus der die Wissenschaft besteht, sowie durch eine weltliche Auslegung der Natur als eines Ortes, an dem man eher Rohstoffe als Götter und Nymphen findet. Die bemerkenswerte These eines Textes wie Adam Smiths «Wohlstand der Nationen» oder Mandevilles «Bienenfabel» besteht darin, daß in dem Fall, wo einige Menschen ihren Leidenschaften, Wünschen und Begierden folgen und wo andere sich selbst der Befriedigung dieser Wünsche und Begierden widmen, es zu einer Ordnung kommt, die sich beschreiben läßt im Sinne von Angebot und Nachfrage und die sich rationalisieren läßt in der Wissenschaft der Ökonomie. Smiths Version eines geordneten Empfindungslebens war demnach vom

Standpunkt antiker und mittelalterlicher Kultur eine gänzlich befremdende. Man erinnere sich nur an Platons «Politeia», in der er über die Beziehungen zwischen Ideen und Sinnen oder zwischen Vernunft und Leidenschaften nachzudenken begann und wo er nicht nur eine Theorie der Formen konstruierte, um mit ihr die Sinne in eine rationale Ordnung einzufügen, sondern ebenso einen Staat – einen autoritären Staat. Viel später, am Vorabend der modernen Welt, untersuchte Hobbes im Gegensatz zu Adam Smith die menschlichen Leidenschaften und fand heraus, daß sie motiviert sind durch die Hoffnung auf gleiche Macht und daß diese nur beherrscht werden könne durch ein höchst autoritäres oder theopolitisches System. Mandeville und Adam Smith argumentierten anders. Sie behaupteten, unser empfindungsmäßiges Leben, unsere leiblichen Bedürfnisse und unser Warenhandel würden eine soziale Ordnung hervorbringen, die rational und zugleich politisch wäre. D. h., sie behaupteten, daß eine politische Ordnung zu nichts anderem gut sei als zur Erleichterung der Bedürfnisdeckung.

Wir wollen ein grundlegendes Beispiel dazu bedenken, nämlich wie es kommt, daß wir den Leib als eine wesentliche Quelle für die Schaffung einer sozialen Ordnung behandeln können. Jede Gesellschaft muß hinsichtlich der Art und Weise, wie ihre Mitglieder den Lebensweg durchschreiten, Stellung beziehen. Somit ist keine Gesellschaft indifferent gegenüber dem Ereignis der Geburt. In einfacheren Gesellschaften kann es sein, daß sich das Ereignis der Geburt nicht notwendig um die aktuelle biologische Vaterschaft dreht. Es gibt dort vielleicht keinen Begriff für die biologische Vaterschaft. Es mag aber sein, daß es einen bestimmten Festtag gibt, an dem die Menschen in die Wälder gehen, aus denen dann die Frauen schwanger zurückkommen. Was eine Gesellschaft braucht, ist ein Arrangement für die soziale Vaterschaft, d. h., ein gewisser Mann muß als Partner der Frau gelten zum Zweck des Kindergroßziehens. Vergleichen wir diese Art, die Geburt zu verstehen, mit unserer eigenen. Denken wir nur an das mittelständische Fortpflanzungsverhalten eines Weißen. Das Ereignis der Geburt ist eingebettet in eine durchgehende Rationalität der gesellschaftlichen Übereinkunft, deren Mittel in diesem Fall die chemische Wirksamkeit der Pille ist. Nehmen wir den Kondom hinzu und sprechen von einer Kondom/Pille-Kultur, so haben wir zwei technische Instrumente, die dazu führen, daß Penetration und Koitus rationalisiert werden können, wobei der Geschlechtsakt verbunden sein kann oder nicht verbunden sein kann mit der Entscheidung, Kinder haben zu wollen oder nicht. Somit sind wir in der modernen Welt in der Lage, Gebärmutter und Vagina – jene geheimnisvollen Bereiche, die der Dichtkunst, dem Lied, dem Wunsch und der sinnlichen Begierde zugeteilt sind – zu Bereichen gesellschaftlich-vertraglicher Ordnung zu machen. Wir können uns in der Tat politischer Taktik wegen auf unseren Leib beziehen, speziell auf die Gebärmutter, so daß die Frauen heute den Anspruch erheben können, ein Recht auf ihren Körper zu haben. Sexualität und Reproduktion sind wie alle anderen Elemente gemäß einer rationalen Entscheidung voneinander getrennt oder miteinander verbunden. Somit ist eine anscheinend natürliche körperliche Funktion mit wenigstens drei Machtsystemen verquickt, die den Anspruch erheben, den Vorgang der Reproduktion zu einer geordneten Angelegenheit zu machen. Es ist notwendig, die Ansprüche einer religiös orientierten Kultur, die lange Zeit die Einstellung zur Fortpflanzung bestimmt hat, in Betracht zu ziehen; ebenso jene der wissenschaftlich ausgerichteten Kultur, und zwar deshalb, weil ihre anwendungsorientierten Technologien uns mittels der Pille mit Selbstbestimmung versorgen; letztlich sollte man auch jene dritte, und zwar ideologische Kultur in Betracht ziehen; deshalb, weil wir uns heute gerade mit der sexuellen Gleichberechtigung auseinanderzusetzen haben. Somit ist dieser sehr intime Teil des Verhaltens, der ja oft genug von vielen unter uns als Mittel zum gesellschaftlichen Ausbruch benutzt wird – so z. B., wenn man einen Nachmittag verschwindet oder sich ein nettes Wochenende macht –, in Wirklichkeit durch und durch sozial in dem Sinne, wie ich es beschrieben habe.

Ebensowenig wie die Gesellschaft indifferent sein kann hinsichtlich des Geburtsvorgangs, kann sie die Geschlechtsunterschiede ignorieren. Die Gesellschaft sagt uns, wie man sich als Junge und wie als Mädchen zu verhalten hat. Die Gesellschaft will den Zeitpunkt bestimmen, wann Jungen und Mädchen in dem Alter sind zu zeugen, und sie will auch bestimmen, wann sie sowohl biologisch als auch sozial als reif anzusehen sind. In einer primitiveren Gesellschaft kann das sehr früh sein. In einer industriellen Gesellschaft haben wir das Problem, daß die Kinder schon lange vor der Zeit, in der sie ihre soziale Reife erreicht haben, biologisch reif sind, insbesondere, wenn es mittelständische Kinder sind, die mit der Universitätsausbildung zugleich die Absicht verfolgen, später mindestens 20000 Dollar im Jahr zu verdienen. Wenn es Kinder aus der unteren Gesellschaftsklasse sind, ist es wahrscheinlicher, daß sie bei Erreichung des zeugungsfähigen Alters eine Schwangerschaft «auf Teufel komm raus» riskieren und dann auf weniger attraktive Jobs zurückgreifen, nur um die Konsequenzen tragen zu können. Im Unterschied dazu wird bei mittelständischen Studenten das Pettingverhalten länger aufrechterhalten – ihre Sexualität ist gehemmter –, um so die sexuelle Befriedigung mit den Langzeitplänen der Ausbildung vereinen zu können. Dies hatte zumindest bis zum Zeitpunkt einer weiten Verbreitung von Drogen und Pille seine Gültigkeit.

Es ist nicht nur möglich, das intime leibliche Verhalten auf die wirtschaftlichen Chancen einer Person zu beziehen, wir können auch feststellen, wie die Ökonomie ihrerseits wiederum das öffentliche leibliche Verhalten formt. Aufgrund der Veränderungen des Arbeitscharakters in der technologischen Gesellschaft riskieren die Männer viel, wenn sie den Erfolg in der Arbeit zum einzigen Kriterium ihrer männlichen Identität und Wertschätzung machen. Da die Arbeit mechanisiert und rationalisiert ist und da alle Aufgabenbereiche auf ihre Bestandteile reduziert werden, stellt die Arbeit für den Menschen nicht mehr die frühere Herausforderung dar. Ergänzend dazu bedeutet die Tatsache des menschlichen Verhaltens, ob nun aufgrund geänderter Technologie und Mechanisierung der Arbeitsbereiche oder aufgrund von Erwerbslosigkeit oder eines Überschusses an Arbeitskräften, daß die Identität des Mannes durch seine Arbeit weit weniger gesichert ist als in früheren Zeiten. Aus diesen und anderen Gründen muß der Mensch sich selbst neu definieren, zum einen im Sinne «expressiver» und auf die Familie bezogener Beschäftigungen, zum anderen im Sinne rein «instrumentalen» und zielorientierten Verhaltens. Deshalb sehen wir heute beide, Männer und Frauen, mit ihren Körpern, ihrer Kleidung, ihrem Essen und Trinken spielerischer umgehen, als es die frühere Welt der Arbeit je erlaubt hätte. Der Gebrauch nichtmedizinischer Drogen stellt die stärkste Zurückweisung der alten Ordnung des «produktives» Leibes dar. Es ist jedoch schwierig, in diesem Verhalten einen durchgehenden Trend festzustellen. Die Unisexkultur, der die Arbeit und einige Formen konventionellen Konsums zuwider sind, ist nichtsdestoweniger, wenn es um ihre Musik, ihre Bildung und Reisen geht, gebunden an die unternehmensorientierte Ökonomie.

Wir wollen noch einmal einen kurzen Blick auf Platons «Politeia» werfen. In seiner Konstruktion des vollkommenen Staates unterscheidet er zwischen der ursprünglichen und einer zweiten Gemeinschaftsform. Er beginnt mit dem Entwurf der ursprünglichen Gemeinschaft, in der die Menschen bloß essen und trinken und nicht viel mehr tun, als erforderlich ist, um ihre Familie zu ernähren und zu unterhalten. Aus bestimmten Gründen ist diese Situation instabil, und so fangen die Menschen damit an, ihre Bedürfnisse auszuweiten. In der zweiten Gemeinschaftsform gibt es keinen einfachen Weg, die Entscheidungen auf die Erscheinungsformen eines naturgegebenen Hintergrundes zu beziehen. Die Wünsche sind komplex, Waren gibt es reichlich, Gut und Böse sind nicht mehr ohne die spezifische Arbeit von Philosophie und Politik zu unterscheiden, die beide künftig den Leib beherrschen und die Ökonomie den moralischen Grenzen unterwerfen. Natürlich ist es die Abschaffung jeglicher Art von begrifflicher Begrenzung der Ökonomie, die die moderne Welt auszeichnet. Dennoch bleibt auch die moderne Ökonomie eine durch und durch moralische Ordnung. Sie erhebt den Anspruch, im Dienste weltweiter menschlicher Bedürfnisse zu stehen, und sie bildet den Hintergrund für die Entfaltung von Kreativität, Intelligenz und Planung, die sie ihrerseits belohnt als Zeichen ihres eigenen hilfreichen Beistandes. Die moderne Ökonomie macht mächtige Anstrengungen, um die alleinige Quelle des guten Lebens zu sein und das Hauptbetätigungsfeld zu bilden für jene moralischen Qualitäten, die sie, wenn auch nicht für den Konsum, so doch für die erfolgreiche Produktion benötigt. In dieser Weise gesehen, weit davon entfernt, ein Übel zu sein, funktioniert das Abstufungssystem als moralisches Raster, als eine Einrichtung, die eher dazu geeignet ist, die Stufenleiter des guten Lebens zu zeigen, und nicht irgendein Hindernis bei seiner Verfolgung.

Die moderne Ökonomie beansprucht demnach gleichzeitig, wo sie uns in eine enorme Expansion der Bedürfnisse und Wünsche einbezieht, diese Wünsche in einer ethischen Form zu entwickeln und zu befriedigen. Die beiden Seiten dieser Gleichung sind Produktion und Konsum. Von der Ökonomie her haben wir nur einen allgemeinen Begriff von der Arbeitskraft, die in die Produktion und den Konsum fließt. Wir wissen, daß die Produktion körperliche Arbeit, physische und nervliche Belastung erfordert. Dies gilt für einen Großteil der heutigen Arbeit, für die Vergangenheit war es die Regel. Unsere Unwissenheit über den Konsum wird evident in der vorwiegenden Metapher vom Stoffwechsel, die wir benutzen, um unsere Beziehungen zu den Waren zu beschreiben, von denen viele nur wenig mit Essen und Trinken zu tun haben und deren Gebrauch kaum anhand einer solchen Analogie verstanden werden kann. Ich glaube in der Tat, daß wir von einer *Konsumarbeit* sprechen müssen, wenn wir anfangen wollen zu verstehen, was von uns bei der Anhäufung, Zurschaustellung und Veräußerung der Waren gefordert wird, was der kollektiven Darstellung einer wissenschaftlich-technischen Kultur in dem gleichen Maße dient wie irgend etwas, das durch die Bedürfnisse des «politischen Leibes» gefordert ist.

Somit ist wesentlich, daß der Konsument nicht geboren, sondern durch bestimmte Vorgänge produziert wird, die ihm oder ihr beibringen *zu wünschen, daß man sich Dinge wünscht,* die jenen Bedürfnissen dienen, die sich primär aus Neuentdeckungen entwickeln. Nur wenige sind sensibel genug für die Fähigkeit der modernen Ökonomie, Unterschiede zu produzieren, im Bedürfnis nach Hi-Fi-Anlagen beispielsweise. Millionen von Konsumenten sind von ihrer frühesten Kindheit an auf die Arbeit angelernter Unzufriedenheit verpflichtet. Deshalb gehört es in Nordamerika und in Europa zur Praxis großer Kaufhäuser, in privaten Haushalten dicke *Wunschkataloge* zu verteilen, die diejenige einer faustischen Seele weit übertreffen. Kinder gewöhnen sich an diesen Leitfaden zuerst zu Weihnachten, und später lernen sie, daß man weihnachtliche Stimmung an jedem Einkaufstag zu haben hat. Die kindliche Phantasie wird durch diese Kataloge zerstört und neu geschaffen. Sie sind für den familiären Haushalt insofern wesentlich, als sie der Mutter und den Kindern dazu dienen, Vaters Arbeit mit dem allgemeinen Warenaustausch, der seine Arbeit voraussetzt, zu integrieren. Gleichzeitig bewirken die Kataloge, daß der Konsum der Produktion voraus ist und somit die Familie gezwungen wird, untereinander und im Vergleich mit anderen Familien zu wetteifern. Das Individuum muß die *ökonomische Anpassung* lernen, d. h., es muß lernen, daß seine Bildung in der Welt und nicht in ihm selber ist, da ja auch die Fähigkeit der modernen Ökonomie, Bedürfnisse und Bedürfnisdeckung zu produzieren, sich rein geistig vorzustellen unmöglich ist.

Marx behauptete, jede Produktion sei gesellschaftlich. Ich will in den Begriff der Produktion nicht nur den Aufwand an körperlicher Arbeit einbeziehen, sondern den Leib als eben solch ein Feld von Produktion und Konsum auffassen. Damit meine ich, daß wir den *produktiven Leib* als eine Erweiterung der Ökonomie sehen müssen und nicht einfach – wie die

Arbeitskraft – als einen Faktor der Produktion. Der «produktive Leib» existiert wie seine Arbeitskraft nur im Rahmen einer Marktwirtschaft, die in der Lage ist, ihre An- und Entspannung, Gesundheit, Krankheit, Schönheit und Sexualität zu vergegenständlichen. Die Vergegenständlichung des Leibes in jenen produktiven Bereichen, die mit ihrer eigenen Produktion und Konsumtion beschäftigt sind, integriert und distribuiert den Leib durch soziale Arbeitsteilung. Somit ist der «produktive Leib» nicht ein Faktor der Produktion in der Form, wie Marx es sich vorstellte, nämlich als Grund und Boden, Arbeit und Kapital. Der «produktive Leib» ist in die Arbeitsteilung integriert, und zwar zweifach: inwendig, so z. B. durch die moderne Medizin, und äußerlich, z. B. durch Mode und Kosmetik. *Somit ist der «produktive Leib» sowohl Extension wie auch Intensivierung des Raumes und der Aktivität der modernen Ökonomie.* Es ist nicht so einfach zu verstehen, daß die Ökonomie die Arbeitskraft des Leibes ausbeutet, indem sie ihn der Mühsal ihrer Aufgabenbereiche unterwirft sowie einer unbefriedigenden Lebensweise im Tausch gegen Arbeitslohn. Die Konsumenten können dazu erzogen werden, daß sie ihre biologischen Körper vollständig entwerten bis zu dem Punkt, wo sie neuen Wert erlangen im willigen Konsum von industriell vermittelter Erfahrung, Aussehen, Verhaltensweisen und Charakteren. Die moderne Ökonomie ist in der Lage, die gesellschaftlich bedeutsamen Ein- und Ausgangspunkte des Lebenszyklus zu kontrollieren, indem sie junge Personen zu pubertären erklärt sowie alte und lebensweise Personen zu veralteten. Jedes physische, geistige und emotionale Bedürfnis von Personen kann gegebenenfalls vergegenständlicht werden in einem chemischen Element oder in einer professionellen Dienstleistung. So gesehen zählt letztlich das, was einst Selbsterkenntnis und personale Identität war, zu nichts anderem mehr als zu der Fähigkeit, auf ein Rest-Ich, auf die passende Entäußerung des «produktiven Leibes» zu verweisen.

Ich will zeigen, wie wir dem «produktiven Leib» in der *Alltagsökonomie* begegnen, und zwar anhand einer Analyse von ziemlich bekannten Zigarettenwerbungen.[1] Die Analyse ist ein wenig schwierig aufgrund einer Überdeterminierung des Textes, seiner verbalen und leiborientierten Metaphern sowie wegen der ständigen Einfälle jener Leute, die die Werbetexte zusammenstellen. Die Werbung konzentriert sich auf den Körper einer jungen Frau, eines jungen Mannes oder manchmal auf den eines Hermaphroditen. Sex ist auf Konkurrenz eingestellt, und Konkurrenz ist sexuell. In dem Text, den ich hier untersuche, wird die Auffassung verbreitet, daß man auf der Höhe der Welt der Konsumgüter sein kann und daß sein oder ihr Körper der Weg zu solchem Erfolg sei. Der Leib ist zugleich Quelle und Bestätigung des Erfolgs. Die Erfolgsbestätigung liegt in seiner Schönheit und seinem Zutrauen. Sie ist schön, ihr Haar ist genau richtig, ihre Kleider sind elegant, ihr

---

1 Es geht hier um die Werbung für die Marke «Winston». Ein Großteil der Zigarettenwerbung ist ganz ähnlich.

Schmuck und ihre Accessoires sind von auserlesenstem Geschmack. Rauchen ist ein leiblicher Akt. Der Erfolg, der vom Rauchen der richtigen Zigarette herrührt, zeigt sich außer darin noch in manch anderen Vorzügen des Körpers: in seiner Schönheit, seiner Eleganz, seiner Klugheit. Sie weiß, was sie will. «Ich rauche nur aus einem Grund.» Dieser Spruch beinhaltet unbewußt eine politische Haltung. D. h., der Text richtet sich an eine neue politische Kultur, wo die Frauen im Angesicht der Männer wissen, was sie wollen. Unsere Aufmerksamkeit wird sodann darauf gelenkt, wie sie die Zigarette anfaßt, um sie aus der Packung herauszunehmen oder hineinzustecken. Sie hält sie fest mit einer sehr feinfühligen Fingerspitze, von der ich bezweifle, ob sie mit ihr die Zigarette herausziehen könnte – aber das ist ja ihre Sache. «Ich rauche nur aus einem Grund.» Nur einen Grund in diesem Leben zu haben würde wirklich eine meisterliche Leistung darstellen. Den ganzen Tag über und das Tag für Tag erfährt jeder von uns den ständigen Einfluß der Umwelt hinsichtlich dessen, was wir mit unserem Leben anzufangen haben. Es ist einfach unvorstellbar. Angenommen, ich verbringe den heutigen Tag in Florida. Ich hätte auch nach Spanien oder Portugal gehen können, ich könnte in den besten Hotels übernachten, dank der Kreditkarte, ich könnte einen Wagen kaufen und könnte beliebig irgendwo essen gehen. Die Welt ist ständig dabei, uns auf die Suche nach diesem oder jenem auszuschicken. Deshalb ist eine Person, die sich einer Sache sicher und bereit ist, für sie einzustehen, in der Welt der Konsumgüter ein Meister, ein König unter den Konsumenten. Oder, anders gesehen, in einer grenzenlosen Welt, Stil zu haben, sich in einem Stil bewegen bedeutet eine einzigartige körperliche Leistung: die richtige Zusammenstellung von Zigarette, Kleidern und Schmuck. Die leibliche Erscheinung, Jugend und Schönheit, sind im Endeffekt die Arbeit des «produktiven Leibes» und nicht bloß seine Freude und sein Genuß.

Der Text lautet weiter: «Ich rauche nicht eine Marke, um wie jeder andere zu sein.» Aber natürlich, die Welt der Produktion ist nur möglich als eine Welt von Warensorten. Massenproduktion ist ohne Warensorten unmöglich. Von einer anderen Perspektive aus gesehen: Wir können keine industrielle Produktion haben, wenn wir uns nicht selbst vermassen. Ich und du, wir alle tragen bestimmte Varianten von so ziemlich ein und derselben Bekleidung. Wir können nur geringe Veränderungen in unserer Kleidung vornehmen, um sie so unsere eigene zu nennen. Wir haben es hier mit einer Frau zu tun, die nicht so ist wie alle anderen. Wenn die Zigarettenindustrie sich wirklich darauf berufen würde, müßten die Zigaretten 10 Mark pro Packung kosten. Sie müssen vielmehr von genügend vielen Leuten geraucht werden, damit sie nicht zu kostspielig sind, gleichzeitig aber müssen jene, die sie kaufen, glauben, daß sie exklusiv sind. Nun, das ist eine Leistung der Einbildungskraft. Wir könnten demnach den Mehrwert als etwas auffassen, das wir hinzufügen, um der Ware Leben zu verleihen. Es ist eine Leistung der Phantasie, wenn wir zum Vorteil des Systems dazu beitragen, daß das

System als eines erscheint, das angeblich im Dienst des einzelnen steht. «Ich rauche, weil ich es genieße.» Mit den meisten Werbesprüchen wie jenen, in denen der Raucher eine vertrauenswürdige und erfolgreiche Person darstellt, kann man demnach behaupten, daß der Zigarettengenuß ein kontrolliertes Verhalten ist und nicht nur eine Laune. «Die extra langen von ‹Super King› haben für mich einen extra weichen, aber *echten* Geschmack. Ein echter Geschmack und ein echtes Vergnügen, das ist es, was das Rauchen ausmacht. Wenn es um den echten Geschmack geht – Winston.» Es folgt ein abgesetzter Text mit folgendem Inhalt: «WARNUNG: Die Medizin hat festgestellt, daß Zigarettenrauchen für die Gesundheit schädlich ist.» Dieser Text erinnert uns an den biologischen Leib. Er besagt, daß das Rauchen als biochemischer Prozeß schädlich ist. Wenn wir hingegen nur den «produktiven Leib» betrachten, ist unser eigener Leib seltsamerweise in der Lage, sich an ein Symbol hinzugeben, nämlich Selbstsicherheit in einer unsicheren Welt, die ja so einfach erworben wird: Man kauft nur eine Packung Zigaretten, die ihrerseits Echtheit, Genuß, Stil und das besondere Etwas verspricht. Die Werbung lädt uns demnach dazu ein, für den Vorteil im gesellschaftlichen Bereich unser Leben zu riskieren. Somit wirkt die Selbstsicherheit der Frau auch rebellisch, da sie nicht nur weiß, daß der Leib uns all das anbietet, was das Leben erhoffen läßt, sondern daß er darüber hinaus für uns den Tod bereithält. Die Art und Weise, in der sie den Tod ins Spiel bringt, paßt nichtsdestoweniger zu dem in unserer Gesellschaft überall verbreiteten Verhalten einer Leugnung des Todes.

Der Text, den ich analysiert habe, wollte die Selbstsicherheit als die beste Lebensform porträtieren, für die der «produktive Leib» die wichtigste Quelle darstellt. Wenn man auf den Text schaut, könnte man meinen, die Frau rauche nur eben so als eine Art Freizeitbeschäftigung. Es gibt keine Fabriken im Hintergrund, keinen Ehemann und keine Kinder. Sie ist ganz für sich allein; sie ist jung, und sie ist schön. Sie ist ungeheuer zugänglich. Sie ist frei. Man könnte sie heiraten oder es bleiben lassen. Mag sein, daß sie es tut, mag sein, daß sie es nicht tut. Mag sein, daß sie mit Männern schläft, vielleicht auch mit Frauen. Wer weiß schon, was sie tut? Sie ist eine Göttin. Alles um sie herum, indem es von ihrer Schönheit und ihrer Jugend Gebrauch macht, drängt sie dazu, *ideologisch zu wirken.* Von ihrem sorglosen Hintergrund her glaubt man, sie sei völlig frei. In Wirklichkeit ist sie nur herausgeputzt. Wenn wir nur an all die Arbeit denken, die in ihrem Haar steckt, bis es so aussieht wie im Inserat! Niemand hat solche Haare. Eine gewaltige chemische Industrie steckt dahinter; sie verkauft Haarpflegemittel, die man selber anwenden muß, um so auszusehen, als ob man mit den Haaren überhaupt nichts gemacht hätte und mit denen man dann so frei aussieht wie ein Wölkchen im Wind. Sie mußte diesen Aufwand machen, um modisch auszusehen. All das dient nur zum Vorteil der Zigarettenindustrie. Da sie weit davon entfernt ist, frei zu sein, muß sie auf diesem entzückenden kleinen Bild so agil wie möglich wirken.

Die Analyse des Textes befähigt uns zu sehen, wie es kommt, daß Waren nicht gerade das sind, was sie vorgeben zu sein – sie repräsentieren das Verpflichtetsein auf gesellschaftliche Institutionen, deren Mitglieder wir täglich sind und denen gegenüber wir verpflichtet sind schon von dem Moment an, wo wir aus den Betten steigen und damit beginnen, ihnen gemäß zu essen, zu sehen, zu fühlen, herumzugehen, in Stoffen, Farben, Ausstattung usw., so daß die Welt der Empfindungen als modern, sauber und angepaßt auf uns zurückkommt. So ist das moderne Heim in zunehmendem Maße entleiblicht und entsinnlicht. Da es Maschinen gibt, wird die Welt der Frau zu einer Angelegenheit des Knöpfedrückens. Es ist nicht mehr möglich, in einer solchen leiblichen Form libidinöse Energie zu investieren wie z. B. früher, als die Kinder noch die Aktivitäten des Familienlebens anregten. Die Lebensräume sind im modernen Heim offen, und die Einrichtung, die uns umgibt, ist wie jede andere auch, die man auf einer Einrichtungsmesse sehen kann. Die privateste Wohnraumausstattung wird so präsentiert, daß wir in der Lage sind, sie als eine Einrichtung für jedermann zu kaufen. Jeder ist ein potentieller Käufer unseres Heims. Als Erweiterung der Publizität des Leibes und seiner selbstbezogenen Verhaltensweisen ist es in unserer Gesellschaft erforderlich, ihn so sichtbar wie möglich zu machen. Somit wird uns klar, wie es dazu kommen kann, daß der Leib zur Quelle einer Ästhetik der demokratischen Gesellschaft wird.

Wie ich schon sagte, konsumieren wir nicht direkt Autos, Fernseher, Möbel, Häuser, Kleider, Kosmetik und Unterhaltung. Bedeutet das dann, daß diese Dinge unseren Leib nicht einbegreifen? Besser, in welcher Weise ziehen sie ihn in Mitleidenschaft? Ebenso wie wir unseren Leib ernähren, genauso müssen wir ihn kleiden, beherbergen und transportieren. Zwischen diesen Erfordernissen gibt es nun spezifische Beziehungen. Da die Wohnzentren in größeren Entfernungen von den Lebensmittel- und Produktionszentren liegen, werden Lebensmittel in zunehmendem Maße für den Transport und für die Supermärkte weiterverarbeitet und verpackt. Diese sekundären Maßnahmen erfordern den Gebrauch von Lebensmittelzusätzen, die ihren Nährwert reduzieren und gesundheitlich schädlich sind. Solche Lebensmittel zu essen könnte nun als Arbeit aufgefaßt werden, wobei man zum alleinigen Vorteil eines städtisch-industriellen Komplexes eine körperliche Schädigung wie z. B. Krebs durch die Industrie riskiert.

Jedoch die massivste Ausbeutung des Leibes findet dort statt, wo die Ökonomie uns lehrt, unsere Leiber in ihrem natürlichen Zustand für wertlos zu halten und ihnen nur dann einen erneuten Wert beizumessen, wenn er sich als Anmut, Spontaneität, Lebhaftigkeit, Spannkraft, Zuversicht, Makellosigkeit und Frische verkauft hat. Die Ökonomie ist in diesem Fall ein prinzipiell sozialisierendes Organ für jene *Techniken des Leibes*[2], die die

2 Marcel Mauss, Techniques of the Body, Economy and Society, 2, 1 (1973), S. 70–88.

Kulturwerte wie Jugend, Aggression, Mobilität und Ungezwungenheit zur Entfaltung bringen. Aus den gleichen Gründen muß sie das gewöhnliche Erscheinungsbild von Männern, Frauen und Kindern zu verbergen suchen. In endlosen Formen ist es der modernen Ökonomie möglich, den menschlichen Leib für sich dienstbar zu machen. Da das Leben sich mehr im Sitzen vollzieht und weniger körperliche Anstrengung erfordert (obgleich daraus ein gewisser Mythos gemacht wird: man gebe einmal darauf acht, wie müde viele Leute sind!), kann die Ökonomie die berufsmäßig ausgeübte Bewegung als Erholung, Fitneß und Sport verkaufen. Der auf Ersatz ausgerichtete Konsum bei leiblichen Erfahrungen ist ein grundlegendes Charakteristikum der Massengesellschaft. Er reicht vom Sport bis zum Theater und macht dadurch Gewalt und Sexualität zu grundlegenden Merkmalen dieser Konsumformen. Je mehr die moderne Familiengemeinschaft auf Konsum ausgerichtet ist, um so mehr muß sie sich in Unterhaltsverdiener aufteilen, durch die ihrerseits Sexualität und Reproduktion voneinander getrennt werden. Der Frauenkörper muß somit entromantisiert und zu einem Werkzeug rein rationaler, d. h. gesellschaftlicher Übereinkunft gemäßer Assoziationen werden. Indem sie der Pille vertrauen, werden die Frauenkörper einsatzfähig für Arbeit, Karriere und Unternehmungen. Die körperlichen Zufälle, vom Krebs bis zur Vergewaltigung, sind allesamt Teil dieses leiblichen Komplexes, der sich mit seinem Anspruch an jene jungen selbständigen Frauen der Zigaretten- und Parfumwelt wendet.

Ich glaube, der Begriff des «produktiven Leibes» lenkt unsere Aufmerksamkeit auf das Studium jener weitergespannten Fragestellungen zur Arbeit und Konsumtion, zur Entwicklung der Verbraucherrechte im Hinblick auf Lebensmittelzusätze, zur medizinischen Versorgung und zu ökologischen Verschiebungen, um nur einige Gebiete von Interesse innerhalb der modernen Ökonomie zu erwähnen. Das Studium dieser Problemstellungen erfordert die Zusammenarbeit von Soziologie, Anthropologie und Ökonomie für ein einziges Vorhaben, das ich *Ethnoökonomie*[3] nenne, um zu betonen, daß wir uns mit Fragen zu lokalen und familiären Ordnungen beschäftigen, in denen der Leib, seine inneren und äußeren Prozesse, den direkten Horizont ökonomischen Lebens bilden. Als solche sind sie dem Zugriff analytischer Methoden konventioneller Ökonomie entzogen. Gleichzeitig, zum Zweck der Festlegung des «produktiven Leibes», ist die *Ethnoökonomie* nicht bloß auf Probleme der Mikroebene beschränkt. Ethnoökonomie trägt Wesentliches bei zu den Themen der klassischen politischen Ökonomie. Heutzutage sind die Leute an der eigenen internen Politik ihrer Erfahrungen interessiert, in der sich ihre Gesundheit und Sicherheit bildet, die ihren Lebensstandard

3 Zusammengesetzt aus *ethnos* (Volk) und *oikonomia* (Hausverwaltung). Der Begriff der Ethnoökonomie ist von mir in Anlehnung an Harold Garfinkels Untersuchungen zur Arbeit entwickelt worden sowie im Anschluß an meine eigenen Versuche, die Warenanalyse vom Standpunkt der Ethnomethodologie zu entwickeln.

bestimmt, ihre Umwelt und die Chancen von Krieg und Frieden. Um diese Elemente unserer Erfahrung zu verstehen, muß man die sozialen Strukturen als bleibende Arrangements, als notwendige Instrumente der praktischen Lebensführung begreifen, um sie so gemäß ihrer Fähigkeit, eine gesunde Lebensweise zu fördern und unnötige Mühsal zu verringern, auszuwerten. Wenn wir uns die Gesellschaft als einen großen Leib denken, so haben wir eine brauchbare Annäherung gewonnen an die analytische Ordnungs- und Unterscheidungsstruktur von Elementen oder Teilgliedern, deren Merkmale im ganzen komplementär sind, jedoch eigentümlich in bezug auf sich selbst innerhalb ihrer eigenen Ebene.[4] Das Gehirn kann kaum die Hand für noch geringschätziger halten, als es die Hand ohne das Gehirn kann. Es gibt eine antike Analogie zwischen den Teilen des Leibes und den Gliedern der Gesellschaft, aufgrund deren wir vom «politischen Leib» sprechen. Selbstverständlich benutzen wir diese Analogie nicht, um eine Kasteneinteilung der Gesellschaftsglieder in «Hirnklassen» und «Muskelklassen» zu rechtfertigen. Wir können einen viel sinnreicheren Gebrauch von der Metapher des «politischen Leibes» machen, um dadurch ihre potentiell radikalen wie auch konservativen Implikationen zu treffen. Wir können diese Metapher in der Tat dazu benutzen, das zu erhalten, was sowohl am Radikalismus wie auch am Konservatismus als positiv zu bewerten ist. Somit können wir wie folgt drei Ebenen des «politischen Leibes» unterscheiden:

	Leib	*Gesellschaft*
	1. organischer	Familie
Der politische Leib:	2. produktiver	Arbeit
	3. libidinöser	Person

Wir unterscheiden somit innerhalb des aktuellen «politischen Leibes» die biosoziale, sozioökonomische und die sozialpsychologische Ebene. D. h., wir sind in der Lage, die verschiedenen Ebenen zu identifizieren, auf denen leibliche Anstrengungen und Befriedigungen die In- und Outputs darstellen, durch die unser kollektives Leben aufrechterhalten wird.[5] Ein verleiblichtes Wesen kann nicht existieren ohne ein Minimum an familiärem Wohlstand. Die Familie wird aufrechterhalten durch die Sphäre der Arbeit, bei der Mühsal und Befriedigung ihrerseits abhängig sind von der Familienökonomie. Dies ist die Situation, in der sich der größte Teil der Bevölkerung befindet. Jedoch können Mühsal und Befriedigung des *produktiven Leibes* nicht nur gemäß den Verpflichtungen des organischen oder *familiären Leibes* bewertet werden, sondern auch im Sinne eines idealisierten oder *libidinösen Leibes,* durch den die gesamte Potentialität der Männer und Frauen zur Entfaltung kommt. Wir können demnach die Ansprüche von

4 John O'Neill, Authority, Knowledge and the Body Politic, in: Sociology as a Skin Trade, S. 68–80.

5 John O'Neill, Language and the Legitimation Problem, Sociology, Mai 1977.

beiden, Konservatismus und Radikalismus, in unser differenzierteres Modell des «politischen Leibes» einordnen. Der studentische Radikalismus der sechziger Jahre war ausgerichtet auf die Forderungen des libidinösen «politischen Leibes». Für jene, die noch in den Zwängen des organischen und produktiven Leibes gefangen blieben, war es schwer, die utopischen Ansprüche des libidinösen Leibes nachzuvollziehen. Aus denselben Gründen verachteten die Radikalen den Konservatismus einer Familie aus der Arbeiterklasse. Dennoch gibt es einen entscheidenden Punkt, aufgrund dessen zwischen den gesellschaftlichen Klassen eine gemeinsame Front errichtet werden kann, und zwar deshalb, weil politische Bürokraten und Technokraten unempfindlich sind für die greifbaren Realitäten des «politischen Leibes» und dazu neigen, das politische Leben auf einen maschinellen Vorgang zu reduzieren. In all den menschlichen Kämpfen wird der Leib das fundamentale Sinnbild sowohl für das selbstverschuldete Elend wie auch für Harmonie und echten Fortschritt des Menschen bleiben.

IX. Revolution und Warencharakter: Zu einer Theorie der Subversion

Wir waren gerade Zeugen der Zweihundertjahrfeier zur amerikanischen Unabhängigkeitserklärung. Man kann in diesen Feiern eine zugleich passende Gelegenheit sehen, von Amerikas Niederlagen im In- und Ausland abzulenken, um sich so über Amerikas ursprüngliche Verheißung klarzuwerden, die zur Zeit durch die Anwendung von Macht und Wissen getrübt ist. Solche Überlegungen bedeuten eine Praxis, die einer ganzen Nation nicht weniger ansteht als dem einzelnen auch. Wir sind so sehr auf Chartas und Verfassungsurkunden fixiert, daß wir von ihnen gewöhnlich glauben, sie seien die lebendige Quelle guter Taten, der man folgen muß. Wenn die Dinge sich weniger glücklich entwickeln, als wir erhofften, untersuchen wir nichtsdestoweniger eben diese historischen Ursprünge, unsere eigentliche Genesis, um herauszufinden, warum die Dinge falsch laufen. Wir können kaum glauben, daß unsere oberste Grundsatzordnung falsch sein könnte, und es ist für uns schwer zu begreifen, daß sogar im Garten Eden die Möglichkeit zum Sündenfall des Menschen gegeben war. Wenn wir uns somit von Schuld nicht überwältigen lassen und unsere Chartas und unsere Glaubensüberzeugungen in die Tat umsetzen wollen, würden wir bei der Kalkulation unserer Überlebenschancen im Fall von Fehlschlägen und Unglück gut daran tun, die eigentlich gutgemeinten Intentionen wiederaufzugreifen, die unseren Anfängen – ob in Eden oder Amerika – zugrunde lagen, und den Beschluß zu fassen, uns hinfort strenger nach ihnen zu richten. Deshalb, welche Tatsache auch immer für den amerikanischen Imperialismus sprechen mögen oder für die Existenz städtischer Armut und Rassismus und wie korrupt die Praktiken der Regierung und die Anwendungen der Erkenntnisse, die für das Leiden und die Entbehrungen Amerikas und seiner abhängigen Staaten verantwortlich sind, auch sein mögen, die Unabhängigkeitserklärung wird noch immer wegen des einfachen und politisch machtvollen Beschlusses gefeiert, durch den Amerika zum erstenmal versuchte, über sich selbst zu bestimmen.

«Folgende Wahrheiten erachten wir als selbstverständlich: daß alle Menschen gleich geschaffen sind; daß sie von ihrem Schöpfer mit gewissen unveräußerlichen Rechten ausgestattet sind; daß dazu Leben, Freiheit und das Streben nach Glück gehören; daß zur Sicherung dieser Rechte Regierungen unter den Menschen eingesetzt werden, die ihre rechtmäßige Macht aus der Zustimmung der Regierten herleiten; daß, wenn immer irgendeine Regierungsform sich als diesen Zielen abträglich erweist, es Recht des Volkes ist, sie zu ändern oder abzuschaffen ...»[1]

---

1 Unabhängigkeitserklärung der Vereinigten Staaten vom 4. Juli 1776.

Die Unabhängigkeitserklärung wird zu einer Charta des *heiligen Zorns*, ohne den wir die tiefgreifende Säkularisierung des amerikanischen politischen Lebens nicht verstehen können. Wenn das amerikanische Volk nichts weiter als ein politisches wäre, könnte man sich vorstellen, daß all seine Kräfte in den letzten zweihundert Jahren für endlose Anpassungen, Reformen und Revolutionen aufgebracht worden seien, die dazu gedient hätten, ihre konkreten politischen Institutionen dem Ideal anzupassen, das für diese in der Unabhängigkeitserklärung festgelegt war. In Wirklichkeit jedoch machten die Amerikaner die Demokratie zu einem Ableger der politischen Ökonomie, die den «heiligen Zorn» von Freiheit, Gleichheit und Glück in das säkulare Streben nach Mobilität und die Errungenschaften des Fortschritts und des Pseudoüberflusses übersetzte.

Im folgenden werde ich die These vertreten, daß Amerika sich einer einzigen und vollständig säkularisierten Revolution erfreut, die bekannt ist als «American Way of Life» und gegründet ist auf einen Prozeß der *Warencharakterbildung*, der seinen pragmatischen Sinn darin hat, die Ideale der Unabhängigkeitserklärung materiell zu konkretisieren. Die massive Rhetorik des amerikanischen «Way of Life» zeigt an, daß außer für die erste amerikanische Revolution für eine weitere kein Platz ist. *Während in Europa jeder revolutionär, aber nur wenige subversiv denken, sind in Amerika viele subversiv, aber niemand revolutionär.* Vieles wurde zuerst richtig von Alexis de Tocqueville erkannt, und ich glaube, seine Feststellungen sind heute ebenso gültig wie vor hundert Jahren:

«Ich habe oft bemerkt, daß die ihrem Wesen nach revolutionären Lehren, deren Verwirklichung nur durch eine völlige und manchmal plötzliche Umgestaltung in der Stellung des Besitzes und der Personen möglich ist, in den Vereinigten Staaten weit weniger beliebt sind als in den großen Monarchien Europas. Werden sie von einigen Menschen vertreten, so lehnt die Masse sie mit einer Art von unwillkürlichem Schauder ab. Ich scheue mich nicht zu sagen, daß die Mehrzahl der Grundsätze, die man in Frankreich herkömmlicherweise demokratisch nennt, in der Demokratie der Vereinigten Staaten geächtet wären. Das ist leicht zu verstehen. *In Amerika hat man demokratische Ideen und Leidenschaften; in Europa haben wir noch revolutionäre Leidenschaften und Ideen.*»[2]

Der Wahrheitsgehalt der Tocquevilleschen Bemerkungen wurde in unendlich vielfacher und verbesserter Form aufgenommen in die Praxis der amerikanischen Unternehmenswirtschaft, die ich in dieser Untersuchung nur in Ansätzen entwickeln kann. Aufgrund der Warencharakterbildung in der amerikanischen Revolution halte ich es für notwendig, auf der Basis einer allgemeinen Gegenstandstheorie eine Theorie der Subversion zu entwickeln, die in der Tat in Amerika weiter ist als irgendwo anders.

Ich werde meine Behauptung, daß die Praxis der Subversion im Mittel-

---

2 Alexis de Tocqueville, Über die Demokratie in Amerika, München 1976, S. 747.

punkt der amerikanischen Revolution steht, dadurch zu verteidigen suchen, daß ich die «Declaration of Rights» als ein kommerzielles Kunstwerk auffasse. Danach werde ich den Begriff der *institutionellen Streichung* oder Umfunktionierung als eine subversive Praxis entwickeln, in der ich das Potential für eine antiamerikanische Revolution sehe.

Während der Zweihundertjahrfeier wurde die Unabhängigkeitserklärung auf alle Tischservietten der Howard Johnson Restaurants gedruckt. Howard Johnson ist überall in Amerika richtungweisend, berühmt für seine achtundzwanzig Eiscremesorten. Howard Johnson ist ein Gütezeichen unter all den anderen Straßenhinweisschildern Amerikas, die den Amerikanern dabei helfen, Luft zu schnappen, zu essen, zu schlafen, sich zu amüsieren oder sich zu erfrischen, und das alles auf Autobahnen, deren einzige Erholung von den Geschwindigkeiten, die gerade sie ermöglichen, in den Raststättenschildern besteht, die den erschöpften Fahrer so schnell abfertigen, daß er umgehend wieder auf die Autobahn zurückkehrt. Howard Johnson ist ein Sinnbild für Autofahrer: Wohin er auch kommt, überall dasselbe, überall die gleiche Zusammenstellung des Speisenangebots in den gleichen Restaurants, die den Reisenden dazu einladen, frei in einem weltweit am besten geordneten Verkehrsstrom mitzuwandern. Amerikas Zweihundertjahrfeier ist ganz und gar nicht durch Howard Johnsons Nutzung der Unabhängigkeitserklärung entweiht worden. Im Gegenteil, die Entweihung der Unabhängigkeitserklärung – ihre Warencharakterbildung – ist wesentlich für die tägliche Praxis der amerikanischen Demokratie. Solange die Rechte auf Leben, Freiheit und Glück übersetzt werden können in den Warencharakter von Eiscreme, Autos, Reisen und Zigarettenrauchen, Dinge, bei deren Genuß man sich allgemein einverstanden erklärt hat, den ganzen Plunder und Schund der Massenproduktion in den Wohnungen, der Kleidung, Unterhaltung und Ausbildung zu konsumieren, solange behält der amerikanische Traum seine individualistische Form. Er macht aus sich selbst etwas, das die Leute in einer greifbaren Weise erfassen können. Zugleich muß auch alles, was der Amerikaner wirklich begreift, seinen Hang zu den höheren Dingen dieser Welt widerspiegeln. Eiscreme ist dann ein ausgezeichnetes Beispiel für die dem amerikanischen Traum eigene Warencharakterbildung. Sie ist ein Mischprodukt aus Natur und Industrie. Sie erfüllt einen Wunsch, den allein für sich weder Natur, Industrie noch unsere eigene Mutter befriedigen könnte, sondern allein das Know-how, das darin besteht, alle drei zusammenzubringen. Sie ist eine Gabe, die die Kinder für immer auf eine Welt der Mannigfaltigkeit verpflichtet, von deren Sorgen sie sie später befreit zusammen mit all den anderen selbstgenügsamen Speisen und Getränken, die zu den gängigen Eßgewohnheiten gehören.

Eiscreme, wenn nicht sogar der Eiswürfel, ist die Totemspeise der Amerikaner. Sie erfüllt den Wunsch, Kind sein zu dürfen, und erreicht die dauernde Gemeinschaft aller Amerikaner durch die Vielfalt der Auswahl und durch die Freude an einer Speise, die die Einheit von Natur und Industrie symbolisiert, ihrerseits spielerisch produziert als eine Gabe des gelobten Landes. Den Amerikanern fällt es leicht, ihr Recht auf Leben, Freiheit und Glück mit ihrer Forderung nach gesunder Nahrung gleichzusetzen, einer Nahrung, die in endloser Auswahl und zu sehr niedrigen Preisen zur Verfügung steht. Es ist entscheidend für die amerikanische Lebensform, daß menschliches Leiden und Ausbeutung nicht vom Anspruch auf Nahrung symbolisiert werden. Man denke nur an den Bericht zur amerikanischen Ernährungsfrage.

Der Amerikaner und seine Nahrung
Es gibt drei Wörter, die so einmalig amerikanisch sind, daß sie eine ganze Lebensform beschreiben können, aber gleichzeitig so geläufig, daß man ihre Bedeutung leicht übersehen kann.

Freiheit der Wahl.

Freiheit, einen Beruf zu wählen – eine Religion, eine Regierung –, aus seinem Leben das zu machen, was man will, und nicht, was einem auferlegt wird.

Freiheit der Wahl – jeden Tag! Nirgends in der amerikanischen Wirtschaft finden Sie dafür ein besseres Beispiel als gerade im Bereich der Lebensmittel. Gehen Sie in einen Supermarkt, und Sie werden buchstäblich Tausende von Wahlmöglichkeiten haben – Wahlmöglichkeiten, die es Ihnen, und nur Ihnen überlassen zu entscheiden, was gerade und wie Sie essen wollen.

Der Text ist bemerkenswert für die Leichtigkeit, mit der die Wahlmöglichkeiten von Religion, Arbeitsplatz und Regierung jenen gleichen, die der Konsument im Supermarkt hat. Die Gleichsetzung von Nahrung mit Religion, Ökonomie und politischer Freiheit hinsichtlich der Auswahlmöglichkeiten überdeterminiert ihrerseits den Glauben, daß die letztgenannten Institutionen im großen und ganzen Resultate jener gleichen Form individueller Wahl und Kaprice sind, die beim Kauf von Torten und Gebäck stattfinden. Kräften wie Kirche, Staat und Wirtschaft unterstellt man, daß sie keinerlei determinierenden Einfluß auf den souveränen Konsumenten haben. Somit werden die harten Realitäten, die die alltäglichen Verpflichtungen durch Gesetz, Arbeit und Glaube beherrschen, aus dem Bewußtsein gestrichen zugunsten einer Interpretation des Freiheitsideals, wie sie in der amerikanischen Ernährungsweise zum Ausdruck kommt, die mit beiden Beinen auf der Erde steht. Im Austausch für die Ignoranz gegenüber den der amerikanischen politischen Ökonomie zugrundeliegenden Realitäten wird der Verbraucher in der Ausübung seiner trivialen Wahlmöglichkeiten im täglichen Ernährungsprogramm als klug, praktisch denkend und uneingeschränkt abgestempelt. Die Produkte selber sind darauf abgestimmt, durch die Sinnbilder von Familie, Tradition, Vergnügen, Gesundheit und Rechten des Kindes die Aufmerksamkeit auf sich zu lenken. Sie machen gewöhnliche Dinge und Ereignisse zu besonderen und außergewöhnlichen Erfahrungen. Sie werden hergestellt von einem Großkonzern mit freundlichem Gesicht, der sich der Familie und der Kinder annimmt, die Mütter von lästigem Backen befreit, während er sie mit dem Gefühl zurückläßt, daß sie all diese köstlichen Dinge auf dem Pillsbury-Tisch selbst hätte backen können.

Die Warencharakterbildung der amerikanischen Revolution zerstört das historische Bewußtsein der Amerikaner, während sie es gleichzeitig wiederbelebt in den kommerziellen Märchen vom Wilden Westen und von vergangenem Jägertum sowie in der stückweisen Veräußerung des amerikanischen Erbes in Büchern, die den Kaffeetisch dekorieren oder Munition liefern für die unerschöpflichen Aufsätze konkurrenzorientierter amerikanischer Schulkinder. Wenn die Vergangenheit überleben soll, muß sie an der Zukunft teilhaben, indem sie entweder als unwiderstehlicher Impuls nationalen Fortschritts erscheint oder als Sammlung leicht erreichbarer Fakten für jene Kinder, die in der Schule weiterkommen möchten. Nach allgemeiner Überzeugung verdankt die amerikanische Geschichte weit mehr dem Film als jener armseligen Konkurrenz von Schulbuchversionen. Zuerst war da das verheißene Land der frühen Siedler. Zugegeben, das Land mußte von den rothäutigen Indianern gesäubert werden. Aber auch diese Arbeit wurde demokratisiert durch den Sechsschüsser und das Gewehr. Später, als die korporative und industrialisierte Landwirtschaft damit begann, die Städte und Fabriken Amerikas zu versorgen, war es der Traktor, der selbst die weißen Farmerfamilien vom Land vertrieb. Wenn es ein Opfer gab in den Indianerkriegen oder dem Bürgerkrieg, so war es der weiße amerikanische Farmer, dessen sich Amerika heute nur noch – die «Früchte des Zorns» vergessend – als eines sechsschüssigen Cowboys erinnert oder als «Bonnie und Clyde», die auf eine Welt der korporierten Finanzen und Kontrollen schossen, ohne sie zu begreifen. In der Tat, Cowboy und Gangster – die armen Jungs aus Stadt und Land – treffen exakt die amerikanische Denkweise, da sie keine Ahnung haben von den Formen korporativer Organisation, während sie doch gleichzeitig denselben Idealen des Erfolgs nachjagen: ein großes Stück Land, eine riesige Ranch, ein dicker Wagen, und die dann in eine weniger heroische und mehr alltägliche Mode für Konzernarbeiter und -konsumenten verpackt werden. Die gewaltigen Erfolge sowie die konzernmäßige Vermarktung der Country- und Western-Music scheinen nicht das mit Füßen getretene, kommerziell und religiös rehabilitierte Bild ihrer Heroen zerstören zu können.[3] Hörer der Country- und Western-Music sind die loyalste Abteilung des amerikanischen Traums. Der kürzliche Erfolg der mafia-inspirierten Filme wie «Der Pate» ist durchaus verständlich, wenn wir begreifen, daß sie die gewinnbringende Gewaltanwendung an die amerikanische Familie zurückgeben, indem sie die volksmäßige Zugehörigkeit als den Feind einer anonym-rationalen korporativen Organisation wiederbelebt. Im gleichen Stil zelebriert der Film «Dog Day Afternoon» genüßlich das stümperhafte Verbrechen eines katholischen Homosexuellen italienischer Herkunft im Kampf mit der bis an die Zähne bewaffneten Polizei.

Der Film ist ein amerikanisches Phänomen. D. h., er ist für das Drama des

3 Country Music, Songs of Love, Loyalty and Doubt, Time, 6. Mai 1974, S. 51–55.

amerikanischen politischen Lebens ebenso wichtig wie die Hot Dogs, das Auto, die Cowboys und Indianer, Polizisten und Räuber, die er ja porträtiert. Er ist eine unaufhörliche amerikanische Messe, die das große Thema von Erfolg und Mißerfolg des einzelnen zelebriert, das ja auch das tägliche Brot amerikanischer Comicserien ist.[4] Der Film ist die *entpolitisierte Offenbarung* der amerikanischen Revolution. Wenn auch nur für einen Augenblick, macht er jeden zu einem Teil des *Lumpenproletariats*, das von einer plötzlichen Wiederaufwertung seiner ursprünglichen Rechte auf Teilnahme am amerikanischen Traum träumt. Der amerikanische Hang, Mißerfolge zu dokumentieren, den Unterlegenen ebenso zu feiern wie den Erfolg im Geschäft, im Sport, im Verbrechen und bei Schönheitswettbewerben, ist eine Neigung dazu, die Unabhängigkeitserklärung zu dokumentieren. Mehr noch, er ist jene Neigung, die Politik zum *Vergnügen* macht, d. h., sie gestattet es, daß das Geschäft, nämlich immer ein Auge auf der amerikanischen Verfassung zu haben, als ein unterhaltsames Tun, als Freizeitbeschäftigung vollbezahlter Teilnehmer, die die Möglichkeit eines legitimen Theaters oder Journalismus wahrnehmen, weiterbetrieben wird. Überdies sind die Zeitungen und Filme vollständig integrierte Mechanismen der entpolitisierten Bewußtseinsbildung, und zwar deshalb, weil sie im privaten und familiären Rahmen in der Freizeit konsumiert werden und damit aller politischer Motivationen einer echten Öffentlichkeit entkleidet sind. Der einzelne, der über das Märchen von Erfolg und Mißerfolg nachdenkt, lernt vom Mißerfolg, daß der Erfolg der bessere Teil ist. «Erfolg» ist natürlich nicht eine bloße Sache des Gewinnens; er ist die Praxis der Freiheit und Unabhängigkeit im individualistischen Sinne. Er ist eine Praxis, die eine Welt des Widerstandes erfordert, die allein andere Individuen enthält oder auch das reine Anderssein von Natur (einschließlich Primitiver und Kolonisierter): rot bis auf die Zähne! Der Mythos von Erfolg und Mißerfolg ist somit ein entpolitisierter Mythos – die Revolution als Lebensform –, der die Realitäten von gesellschaftlicher Klasse, Rassismus und Macht der Wirtschaftskonzerne verbirgt, die ja ihrerseits die Form bestimmen, in der der Amerikaner seine Rechte auf Leben, Freiheit und Streben nach Glück ausübt.

Wenn der Kommunismus das Gespenst ist, das Europa quält, dann ist der Individualismus jenes, das Amerika plagt. In beiden Fällen ist es die spezifische, in die politische Ökonomie eingebettete Durchführung, die das geisterhafte Ideal von der Realität trennt. Die Amerikaner haben so viel für das Individuum zu erreichen gesucht – man stelle sich eine Nation vor, die ebenso wie nach Glück auch nach den eher politischen Gütern des Lebens und der Freiheit strebt –, daß sie das Individuum nicht mal seinem eigenen Glauben überlassen, sondern, auf Kosten welches Widerspruches auch immer, die Macht der Landwirtschaft und der Industriekonzerne bei der Belie-

4 Arthur Asa Berger, The Comic Stripped American, Baltimore 1974.

ferung des einzelnen mit Leben, Freiheit und Glück bevorzugten. Darüber hinaus gilt dies für Amerika seit jeher und ist nicht nur ein Spruch seiner Werbestrategen. «Die Politik unserer Demokratie war eher eine Politik des Überflusses als eine Politik des Individualismus, eher eine Politik des schnellen Reichtumszuwachses als eine seiner gerechten Verteilung, eher eine Politik, die außer jenen, die den Überfluß als ein Mittel zur Freiheitssicherung schätzen, auch diejenigen begünstigt, die in der Freiheit ein Instrument zur Bewahrung des Überflusses sehen.»[5] Die Amerikaner haben es somit vorgezogen, ihre Revolution im Sinne eines Zuwachses an Lebensstandard zu interpretieren für all jene, die erfolgreich in den straffen Organisationen von Industrie, Landwirtschaft und Politik konkurrenzfähig bleiben, Organisationen, die den «American Way of Life» besingen, der verbreitet wird in Form von Zahnpasta, Einwegflaschen, Autos, Telefon, Gesellschaftsreisen, Kreditkarten und politischen Konventionen.

Der Motor der amerikanischen Revolution war die umfassende wirtschaftliche Korporierung, deren Einflußsphäre heute nahezu weltweit und die im Prinzip völlig souverän geblieben ist im Hinblick auf die Integration ihrer Investitions-, Produktions- und Konsumtionsstrategien. Wann immer auch die «beseelten» Wirtschaftsunternehmen dem amerikanischen Traum als unangemessen erscheinen, können sie auf die staatliche Verwaltung von «Aufputschmitteln» bauen, die dazu da sind, die Wirtschaft zu beleben und das amerikanische Volk auf Trab zu halten. Obwohl diese Ökonomie in einem zunehmenden Maß unfähig wird, die Jugend, die Alten und die Schwarzen aufzunehmen – von denen die meisten mit einer hochqualifizierten und programmierten Technologie und ihren andauernden «Verfeinerungen» konkurrieren müssen –, findet man nur geringe Entschlossenheit, den amerikanischen Begriff von Revolution zu ändern oder ihn im Sinn einer radikalen Veränderung innerhalb der politischen Ökonomie der Rechte auf Leben, Freiheit und Glück neu zu definieren.

Gerade in den Städten und speziell in den Gettos ist die Warencharakterbildung der amerikanischen Revolution am klarsten zum Ausdruck gekommen, und gerade dort waren die Sanktionen des individualisierten Erfolgs und Mißerfolgs am strengsten. Aus demselben Grund erfordert das städtische Leben von vielen Bürgern eine tägliche gegenkulturelle Reaktion, die ich als eine Theorie der Subversion zu formulieren versucht habe und die spezifiziert ist im Sinne einer Praxis der *institutionellen Streichung.* Der Gewinn eines solchen Vorgehens besteht darin, unser Verständnis einer zugrundeliegenden kommunikativen Kompetenz auszuwerten, die wir in der Hoffnung, die Handlungsweisen der Subversion entkolonisieren zu können, nicht im ausschließlich kognitiven und formallinguistischen Sinn formulieren dürfen. Unter *Streichung* verstehe ich eine Praxis, durch die die

5 David M. Potter, People of Plenty: Economic Abundance and the American Character, Chicago 1955, S. 126.

offiziellen und als echt vorgegebenen Zwecke von Institutionen, Örtlichkeiten, Gegenständen und Vorgängen ersetzt oder umfunktioniert werden zugunsten von Handlungen jener Personen, die kommen, um sie Tag für Tag oder nur kurz und sozusagen im Vorbeigehen in Anspruch zu nehmen. Somit werden große Institutionen wie Krankenhäuser, Flughäfen und Universitäten, Örtlichkeiten wie Hotelhallen, Mauern und Bürgersteige, Dinge wie Pappkartons und Konservendosen einer Zweckentfremdung – bricolage – unterworfen, die ihren ursprünglichen Sinn in sekundäre Erzeugnisse und Tätigkeiten umwandelt. Die Subversion der offiziellen und geplanten Nutzung der Institutionen, Örtlichkeiten und Dinge schließt ein die Handlungsformen von Schulkindern, Straßenstrichern, Pennern, Zuhältern, von Happenings und Straßenkunst. *Streichung* ist speziell eine urbane Kunst der Umformung von Sinnbildern des industriell-kommerziellen Lebens in die realen Bedürfnisse und die Erfahrung von Armen, jungen und alten Leuten, die in den Städten leben.

Ich habe den Begriff der *Streichung* aus den Werken von Marcel Duchamp und René Magritte abgeleitet. Im Jahre 1913 stellte Duchamp ein «Readymade» aus mit dem Titel «Das Fahrradrad» und im Jahre 1919 unter dem Titel «L. H. O. O. Q.» eine bärtige Mona Lisa, ein etwas modifiziertes «Readymade».[6] Die Arbeitsweise Magrittes, die auf einer «Verfremdung» (dépaysement) gewöhnlicher Gegenstände beruhte, war von Chiricos «Liebeslied» (1914) und Max Ernsts Frottagen und Kollagen beeinflußt.[7] Es ist schwierig, einzelne Werke von Magritte herauszuheben. Ich erwähne lediglich den «Schlüssel der Träume» (1930) und «Persönlichkeitswerte» (1952). Mein eigener Gebrauch von Reklame, Plakatwerbung und U-Bahn-Beschriftung kombiniert die Techniken des «Readymade» und der «Verfremdung», um so die geheiligte Form akademischer Zeitschriftenbeiträge anhand des realen Gegenstandes zu unterlaufen. «Sicherlich war es ein gotteslästerlicher Impuls, der Marcel Duchamp dazu verleitete, einen Nachttopf in einer Ausstellung seiner Kunstwerke zu zeigen und bei anderer Gelegenheit eine Reproduktion von Leonardos ‹La Gioconda› mit einem Bärtchen zu versehen. Das bedeutet aber nicht, daß diese Bilderstürmerattitüde jeweils reduziert werden kann auf eine vulgäre Protesthaltung oder auf einen ungehobelten Akt von Vandalismus. Ihre tiefergreifenden Wurzeln liegen manchmal in einer quasireligiösen Sehnsucht nach absoluter emotionaler und geistiger Freiheit, in dem Wunsch, eine Geistigkeit und Reinheit der Vision wiederzuerhalten, die der moderne Mensch für immer verloren zu haben scheint, in dem begierigen Willen auch, die ewigen Gesetze der idealen oder vollkommenen Form zu entdecken.»[8]

---

6 Arturo Schwarz, Marcel Duchamp, Luzern 1974, Tafel 31 u. 73.

7 James Thrall Soby, René Magritte, New York 1965, S. 8.

8 Renato Poggioli, The Theory of the Avant-Garde, Cambridge (Mass.) 1968, S. 181.

Die städtische Umwelt ist das Hauptziel der *Streichung*. Sie ist durchsetzt mit Zeichen, die die stereotypen und nachgeahmten Erfahrungen, die Gegenstände und Begegnungen fixieren, die den Leib, die Kleidung und die motorisierten Fortbewegungen des Stadtmenschen stilisieren.[9] Die Ästhetik der Stadt ist eine Lichtreklame für Tauschwerte und für Sinnbilder des Warencharakters, die das Geschäftsleben ihrer Bewohner zelebrieren. Aus dem gleichen Grund ist die praktische Ästhetik der Stadt lärmend, häßlich und feindlich für jene, die inkompetent sind, wenn es um offizielle Nutzungen und Vorteile einer Stadt geht. Alles, was widersprüchlich und unangepaßt ist innerhalb der materiellen Basis der politischen Ökonomie, wird in der Neonlichtikonographie der städtischen Umwelt, in ihrem Reichtum und ihrer Armut, ihren Annehmlichkeiten und Gefahren, ihren Verfeinerungen und ihrer Vulgarität reflektiert. Die Stadt ist erbarmungslos gegen jene, die es in ihr nicht schaffen; sie zerbricht sie und schweigt sie tot, es sei denn, man ist fähig, sie selbst zu unterminieren durch seinen eigenen Stil und durch ungewöhnliche Wege, sich zu behaupten, sich durch- und zurückzuschlagen. Somit ist die Stadt offen für die endlos notwendigen Profanierungen und Streichungen, durch die jene Personen, die sonst von ihren angeblichen Aktivitäten ausgeschlossen sind, nun eine Rolle spielen und aushalten, wo sie sonst erledigt schienen. Das Stadtleben ist für viele junge, arme und alte Menschen die tägliche Kunst, die intendierte Benutzung der Umwelt zugunsten einer humaneren und interessanteren Erfahrung zu untergraben, um so offizielle Bedeutungen langsam abzubauen und neue an ihre Stelle zu setzen. Die Fülle an Ereignissen, Örtlichkeiten und Dingen innerhalb einer Stadt macht diese zu einer vollkommenen Zielscheibe für die *Streichung* von übernommener Erfahrung, von Vorgängen und Gegenständen, die danach jener Gruppe von Menschen zugänglich gemacht worden sind, die sonst ausgeschlossen bleiben würden, handle es sich nun um einen arbeitslosen Jugendlichen oder um eine müde alte Frau, die sich nach einem Ort umsieht, wo sie ihre Füße ausruhen könnte.

Speziell in den städtischen Gettos verwandelt die Überfülle an codierten Imperativen des Konsums und des guten Lebens des weißen Überflusses die Umwelt in ein Ödland. Das Getto ist häßlich, weil ihm die bescheidene Ästhetik jener Arbeiterviertel fehlt, bei denen Arbeit und Konsum eng mit dem Rhythmus einer regelmäßigen Lohntüte sowie einer Solidarität der Arbeit verknüpft sind. Das Getto ist gleichzeitig atomisiert und kollektiviert, und zwar durch eine Flut von Konsumbeeinflussungen, die durch Fernsehen, Anzeigentafeln und Sozialfürsorgezahlungen in das Getto hineingepumpt werden. Gegen diese Flut vorfabrizierter Bedeutungen richtet sich gerade unsere Interpretation jener subversiven Aktivität der New Yorker

9 John O'Neill, Lecture visuelle de l'espace urbain, in: Colloque d'esthétique appliquée à la création du paysage urbain, Paris 1975, S. 235–247; John Berger, Ways of Seeing, Harmondsworth 1974.

Straßenkünstler.[10] Durch Ausnutzung von Mauerflächen, Aufzügen, Bussen und U-Bahnen hat die Straßenkunst das semiotische Medium von Ordnung, Sauberkeit und Kommerz, von dem das Getto ausgeschlossen ist, umfunktioniert. Mehr noch, die neuerliche Aneignung dieser Flächen ist so gut durchdacht, daß die Form außerhalb des Gettos mit der gleichen beeindruckenden und befremdenden Qualität auf andere Nachbarschaftsverhältnisse wirkt wie auf die der Erfahrungswelt des Gettos.

Die Straßenkünstler riskieren Leib und Leben, um die U-Bahn-Züge mit ihren Signaturen wie z. B. A-1, STAR III zu versehen, die mit der Faktizität eben der gleichen Welt rivalisieren, die ihre Jugend, ihren Geist und ihre Denkweise ausschloß. Indem sie die aufreizenden Außenflächen der U-Bahn-Züge *streichen* (wenn sie sie so lange reinigen, bis sie nur noch mit kommerzieller Beschriftung bedeckt sind), verwandeln die Straßenkünstler die U-Bahn-Züge in kaltherzige Satelliten des Gettos, die in einer endlosen Zelebrierung von Taten, die allein den Künstlern bekannt sind, durch die Stadt wirbeln. Der Schock, der Gefühlsumschwung oder die eventuelle Resignation der U-Bahn-Fahrer zeigt bloß jene gleiche Anpassung, auf die sich auch die kommerzielle Werbung verläßt. Der Straßenkünstler zeigt uns unsere eigene Anonymität, Faktizität und unsere Fixation auf die Stadt als ein strukturiertes Netzwerk. Die Bezeichnungen CAY 161 und SUPER BEE machen uns klar, daß die Namen und Zahlen, die sich uns darbieten, zurückgeschleudert werden können auf jenen beweglichen Comic strip, der vor unseren Augen vorbeirauscht, nur um in unseren Gehirnen die Erinnerung wachzurütteln, daß nämlich die Stadt ein lebendiges Gewebe ist und nicht eine Karte der U-Bahn-Linien. Die Namen sind Nachbildungen, wie die Namen von den meisten von uns. Aber als Straßenkunst zwingen sie uns, danach zu fragen, wie sie dort hingekommen sind und warum. In dieser Weise werfen sie jene zwei permanent subversiven Fragen auf, für die das Leben eines jeden von uns offen ist.

Die Welle von Straßenkünstlern ist schon über uns hinweggegangen, und das mag für viele Grund genug sein, ihre Bedeutung in Frage zu stellen. Wie so viele der Schwarzen, Puertorikaner und studentischen Radikalen der kulturellen Revolution haben sich auch die Straßenkünstler mit dem Establishment arrangiert. Ich habe versucht, zu diesem Thema differenziert Stellung zu nehmen.[11] Ich glaube, daß wir seit den sechziger Jahren Zeugen einer Vielfalt von Versuchen, in der Kunst und der «Politik der Straße»,

---

10 Jean Baudrillard, L'échange symbolique et la mort, Paris 1976, S. 118–128; Norman Mailer, Faith of Graffiti, Esquire, Mai 1974, S. 77–88 u. 154–158.

11 John O'Neill, On Body Politics, Recent Sociology, Nr. 4, Family, Marriage and the Struggle of the Sexes, hg. von Hans Peter Dreitzel, New York 1972, S. 251–267; John O'Neill, Gay Technology and the Body Politic, in: The Body as a Medium of Expression, hg. v. J. Benthall/T. Polhemus, London 1975, S. 291–302 (siehe Kap. 6 dieses Buches); ders., Language and the Legitimation Problem, Sociology, Jan. 1977 (dt. in Vorber.)

sind, deren Zweck darin besteht, den herrschenden Diskurs einer korporativen Ökonomie mit ihren administrativen Wissenschaften herauszufordern. Ich sehe in diesen Vorgängen keineswegs eine umwälzende Revolution. Jedoch glaube ich, daß sie eine grundlegende Praxis der Subversion enthüllen, die eine bürgerliche Hilfsquelle darstellt, ohne die eine institutionelle Veränderung unfähig ist, die öffentliche Meinung zu gewinnen, was ja wiederum ein Beweis wäre für ihren relativen Erfolg oder Mißerfolg.

Die Kräfte, die zur entpolitisierten Integration und Legitimation führen und die ich als die Warencharakterbildung der amerikanischen Revolution beschrieben habe, machen es schwierig, irgendwelche Langzeittrends in der Subversion der amerikanischen korporativen Wirtschaft festzustellen. So gesehen, wird verständlich, daß die marxistische Theorie der Revolution inadäquat ist, zumal sie weiterhin den Impuls zum Widerstand und zur Veränderung in der Ausbeutung der produktiven Arbeitskraft lokalisiert, während es doch der verallgemeinerte Code oder die Semiotik[12] der administrativen Rationalität von Ökonomie, Gesellschaft und Politik ist, die als Subversions- und Angriffspunkt identifiziert werden müßten. Eine Theorie der Subversion ist deshalb eine Theorie des zeitgenössischen Überbaus der politischen Ökonomie, die als solche die Substrukturen von Produktion, Konsum, Sprache, Sexualität, Urbanismus, Vorstadtleben, Natur, Kultur, Alter und Jugend rationalisiert. Kurz, *die Theorie der Subversion ist eine Theorie der politischen Ökonomie des Leibes.* Diese setzt voraus die marxistische Revolutionstheorie, da sie die *Semiotik der Tauschwerte* auf jedes körperliche und geistige Verhalten hin verallgemeinert, und zwar über die einfache produktive Arbeit hinaus, von der gefordert ist, daß sie die Verpflichtung auf eine rational verwaltete Ökonomie mobilisiert. Die Theorie der Subversion ist orientiert an der *Entsublimierung der produktiven Arbeit* als einer letzten Stufe der kapitalistischen Demokratie. Dies hat jedoch eine tiefgreifendere Beziehung zwischen den Substrukturen und dem Überbau kapitalistischer Rationalisierung zur Folge als jemals zuvor.

«In einem bestimmten Sinne ist die fortgeschrittene industrielle Kultur *ideologischer* als ihre Vorgängerin, insofern nämlich, als heute die Ideologie im Produktionsprozeß selbst steckt. In provokativer Form offenbart dieser Satz die politischen Aspekte der herrschenden technologischen Rationalität. Der Produktionsapparat und die Güter und Dienstleistungen, die er hervorbringt, ‹verkaufen› das soziale System als Ganzes oder setzen es durch . . . Die Erzeugnisse durchdringen und manipulieren die Menschen; sie fördern ein falsches Bewußtsein, das gegen seine Falschheit immun ist. Und indem diese vorteilhaften Erzeugnisse mehr Individuen in mehr gesellschaftlichen Klassen zugänglich werden, hört die mit ihnen einhergehende Indoktrina-

---

12 Jeremy J. Shapiro, One Dimensionality: The Universal Semiotic of Technological Experience, in: Critical Interruptions, New Left Perspectives on Herbert Marcuse, hg. von P. Breines, New York 1970, S. 136–186.

tion auf, Reklame zu sein; sie wird ein Lebensstil, und zwar ein guter – viel besser als früher –, und als ein guter Lebensstil widersetzt er sich qualitativer Änderung. So entsteht ein Muster *eindimensionalen Denkens und Verhaltens,* worin Ideen, Bestrebungen und Ziele, die ihrem Inhalt nach das bestehende Universum von Sprache und Handeln transzendieren, entweder abgewehrt oder zu Begriffen dieses Universums herabgesetzt werden. Sie werden neu bestimmt von der Rationalität des gegebenen Systems und seiner quantitativen Ausweitung.»[13]

Gleichzeitig jedoch, wo die Prozesse der Warencharakterbildung die entpolitisierte Integration der amerikanischen Gesellschaft verstärken, drängen sie zunehmend die Jungen, Alten und Schwarzen hinsichtlich ihrer Teilnahme am produktiven Prozeß an den Rand. So sind diese Gruppen mehr als jemals zuvor als Konsumenten des Gesundheits-, Ausbildungs- und Sozialwesens systemabhängig, während sie für die produktive Arbeit immer weniger benötigt werden. Diese Spannungskräfte machen jene Gruppen zu «revolutionären» in dem Sinne, daß sie, wie die Neger- und Frauenbewegung, die ökonomische Integration fordern. Aber sofern eben diese Gruppen zu Randgruppen gemacht werden und lediglich die entsublimierte Arbeit des Konsums erfahren, sind sie verantwortungslose, kriminelle und rastlose Kräfte, die sich entweder selbst sinnlos verschleudern oder aber eine genuine Subversion jener ökonomisch-politischen Ordnung betreiben, von der sie unterdrückt werden. Diese Gruppen fordern auch die eigentliche Semiotik von produktiver Arbeit, Sprache und Sexualität heraus, die die Fabriken, Behörden, Schulen, Krankenhäuser, Innenstädte und Vorstädte beherrscht. Haben erst einmal diese Gruppen den binären Code von Produktion/Konsumtion, männlich/weiblich, Arbeitgeber/Arbeitnehmer, Fachmann/Laie, Arzt/Patient herausgefordert, dann ist die Subversion des organisatorischen Diskurses, der das Instrument politischer Ökonomie ist, auf dem Vormarsch.

In kürzlich erst erschienenen Aufsätzen habe ich zu zeigen versucht, wie die sogenannte kulturelle Revolution als eine sprachliche, musikalische, künstlerische und leiborientierte Subversion der amerikanischen korporativen politischen Ökonomie aufgefaßt werden muß.[14] Die kulturelle Revolution, von der die Kritiker heute so enttäuscht sind, ist nur dann keine Revolution im eigentlichen Sinne, wenn man die Argumentation, die ich zu entwickeln versuchte, so versteht, daß es in Amerika keine andere Revolution geben kann als jene einer Warencharakterbildung der Unabhängigkeitserklärung. Aus dem gleichen Grund gibt es als Erbe der sechziger Jahre ein gewaltiges Potential an kultureller Subversion. In der Tat ist die Subversion heute eine tiefgreifende Praxis, die offen ist für jeden, der den Umgang mit

---

13 Herbert Marcuse, Der eindimensionale Mensch, Neuwied 1967, S. 31–32.

14 Vgl. Anm. 9, ebenso John O'Neill, Sociology as a Skin Trade, Essays Toward a Reflexive Sociology, New York 1972, Teil II.

Verwaltungsinstitutionen erlernt. Diese Prozesse sind schon dabei, das soziologische und psychiatrische Schrifttum[15] zu beleben, und kürzlich erst wurden sie abgehandelt in dem Film «Einer flog über das Kuckucksnest». In unterschiedlichen Formen bildet sich das Bewußtsein davon, daß eventuell das produktive System, weit davon entfernt, die bestimmende Kraft zu sein, in Wahrheit, was ihre Effektivität anbelangt, abhängig ist von einem anfänglichen Verzicht auf jene Kräfte, die in unseren sozialen, sprachlichen, sexuellen und kulturellen Beziehungen am Werk sind. Mit anderen Worten, die Achillesferse des kapitalistischen Systems wäre dann nicht seine im materiellen Sinne verstandene Reproduktion, vielmehr läge seine wahre Schwäche in einer weitaus gefährdeteren Reproduktion im Sinne eines Symbolsystems, das Gegenstand einer örtlich begrenzten Subversion wäre, und zwar durch jene Gruppen, die die materielle Basis lediglich in unzulänglicher Weise zu integrieren vermag. In Wirklichkeit ist ein Zweistufensystem am Werk. Auf der ersten Stufe wäre es so, daß die administrative Ökonomie die entpolitisierten Konsumentengruppen integriert. Diese Gruppen beginnen dann, sich für die grundlegenderen Rechte politischer und gesellschaftlicher Reife einzusetzen, Rechte, die das Konsumbedürfnis nach Gütern und Dienstleistungen erfüllen könnten.[16] Auf dieser zweiten Stufe findet jene allgemeine Subversion administrierter Codes und Diskurse statt, mit der dann der «politische Leib» zum Ausdruck gebracht wird.

15 John O'Neill, Self Prescription and Social Machiavellianism, in Sociology as a Skin Trade, a. a. O., S. 11–19.

16 Ivan D. Illich, Selbstbegrenzung: Eine politische Kritik der Technik, Reinbek 1975.

X. Wilde Soziologie

Wissenschaft zwingt uns stets dazu, das zu vergessen, was wir wissen. Auf diese Weise lernen wir viel, obwohl uns weiterhin die Weisheit abgeht. Im Fall der natürlichen Umwelt bildet unsere Macht über die Dinge Kompensation genug für die Zersplitterung des Wissens. In der sozialen Welt jedoch können wir nicht mit irgendeiner bestimmten Distanz zwischen dem, was wir gemeinhin wissen, und den Betrachtungen der Soziologie beginnen. Denn die soziale Welt wartet nicht auf die Konstruktionen des wissenschaftlichen Denkens. Sie gewinnt Sinn vom ersten Tag an bis hin zum letzten, in der täglichen und alltäglichen Umgebung mit anderen, an deren Leben wir teilhaben. Nichts liegt außerhalb dieser Bedingung, weder die Ignorierung noch die Furcht vor ihr, weder die Freuden noch das Unrecht, die sie einem bringen. Das Mysterium dieser Bedingung ist das Maß für die Armut der Soziologie.

Wilde Soziologie versucht festzustellen, wie es, ohne daß wir explizit auf Regel und Gewinn der Wissenschaft Bezug nehmen, zu dem kommt, was wir gemeinhin erkennen und bewerten, und ebenso, wie bei den verschiedenen Arten und Weisen, mit denen wir zum Wissen kommen, dieses in einer festen Erscheinungsform auftreten kann, daß es «gemeinsam mit anderen erkannt wird» – wie, mit anderen Worten, das Wissen und die Werte des «Common sense» den Status eines Faktums, besser, eines moralischen Faktums erlangen. Wir greifen hier zurück auf Garfinkels Hinweis, daß wir die Voraussetzungen des natürlichen Verhaltens in unserem täglichen Leben als Maxime eines Alltagsverhaltens auffassen, aus dem wir unseren gleichbleibenden Sinn von Kompetenz und moralischer Teilhabe an jenen Institutionen und Werten ableiten, die unsere tägliche Bedingung darstellen. Mit anderen Worten, wilde Soziologie behandelt das natürliche Verhalten im Sinne einer Ethnomethodologie, in der z. B. Fragen und Antworten, Ort und Zeit, Arbeit, Rat und Selbsterkenntnis Wege sind, die uns zur Verfügung stehen, um den gefühlsmäßigen und rechtmäßigen Status von Ereignissen und Handlungen bestimmen zu können, und zwar unter Hinweis auf ihre Einzelheiten im Sinne einer situationsabhängigen Evidenz unserer Institutionen, von denen hier nur Familie, Heim, Schule, Männlichkeit, Aufrichtigkeit und wahre Liebe genannt seien. Diese wiederum sind die folgerichtigen Gründe für unser Sprechen und unsere Verpflichtungen und könnten als solche niemals ganz Arbeit und Erfüllung der Sozialwissenschaften sein.

Gewöhnlich erfahren wir die soziale Alltagswelt als etwas, das uns vorausgeht und uns nun gegenübersteht als ein geordnetes Schema der Dinge, dessen Interpretation durch Eltern, Lehrer und durch fast jeden, mit dem wir leben und lernen, weitergegeben wird. Auf der Grundlage eines generellen

Erbes an Sprache und Wissen, in das wir hineingeboren sind, benutzen und erfahren wir in typischer Weise die Welt; wir sitzen im Schatten der Bäume, vermeiden bellende Hunde, trinken Milch, essen die richtigen Dinge und laufen Schutz suchend zur Mutter. Die Art und Weise, in der wir in der Welt und unter anderen Menschen sprechen und handeln, ist geformt durch unsere unmittelbaren Zwecke und Konventionen, die für ein Schema von Relevanzen hinsichtlich dessen sorgen, welche Erscheinungsformen der Welt für die Verallgemeinerung, die Faustregel, die Erinnerung, den Gebrauch und die Unterlassung auszuwählen sind. Gemeinhin nehmen wir an, daß die Dinge so, wie wir sie kennengelernt haben, weiterbestehen und daß wir uns in routinemäßiger Weise ans Geschäft machen können, usw., usf., um so Zweifel und die Zahl der Entscheidungsmöglichkeiten zu verringern. Oder, wenn etwas falsch läuft, so erwarten wir, daß wir, ohne dabei das ganze Schema der Dinge, auf das wir uns bisher verlassen haben, abzuschaffen, in der Lage sind, die Sache in Ordnung zu bringen.

Im natürlichen Verhalten unserer täglichen Lebensformen hat die Welt für uns bestimmte und konstante Erscheinungsformen. Wir glauben, daß die Gegenstände, Personen und Gegenden dieser Welt, mit denen wir vertraut sind, so weiterbestehen, wie sie sind; genauso glauben wir, daß die Erfahrungen und Gefühle, auf die wir uns bisher verlassen haben, so für uns arbeiten wie bisher. Wir sind der Auffassung, daß die Welt unseren Zwecken und Bedürfnissen zugänglich ist und daß wir in der Lage sein werden, unsere Interessen durch ein Wirken in und auf die Welt zu realisieren. Natürlich kann die Verwirklichung jeder dieser Erwartungen scheitern, wobei praktische und emotionale ebenso wie auch theoretische Probleme auftauchen können. Sollte dies passieren, so hegen wir keineswegs offene und dauernde Zweifel an unserem Wissen im allgemeinen, sondern nur in der Hinsicht, daß es uns dazu befähigt, das in Ordnung zu bringen, was in unserem aktiven Wissen, Glauben und Werten fragwürdig geworden ist.[1]

Die Welt, wie wir sie kennen, präsentiert sich uns mit einem konkreten Gesicht, dem Gesicht von Familie und Freunden, von Straßen und Nachbarschaft, mit den Formen der Vertrautheit, und erreicht so, daß wir die Erwartung hegen, in sie eindringen zu können, ohne dabei gänzlich haltlos zu sein und ohne dabei in einer Form auf andere Menschen zu treffen, die nicht mehr ausdrückbar ist. Jeder von uns besitzt eine gewisse Menge an «Fachwissen» für einzelne Erfordernisse, oder dieses ist sonstwie verfügbar für gründliche Untersuchungen und Nutzanwendungen. Aber der größte Teil dieses Wissens besteht eher in dem, was man aus praktischen Gründen wissen muß, wie etwa geschäftliche Tricks, Faustregeln, sprichwörtliche und volkstümliche Kenntnisse. Wo unser Allgemeinwissen zur Definition unse-

---

1 Alfred Schütz, Gesammelte Aufsätze, Bd. 3, Studien zur phänomenologischen Philosophie, Den Haag 1972; ders., Das Problem der Relevanz, Frankfurt/Main 1971; José Ortega y Gasset, Der Mensch und die Leute, Stuttgart 1957.

rer Aufgabe und unserer Situation ausreicht, d. h., wo es uns befähigt, Thema und Art ihrer Verwirklichung in und durch Einzelheiten der Situation zu entdecken sowie ihre Werte, Wahrscheinlichkeiten und Kausalstrukturen fruchtbar zu machen, da sind wir in der Lage, das, was von uns gefordert ist, als Routinesache zu behandeln. Natürlich kann es sein, daß wir in unseren Aktivitäten und Erwartungen enttäuscht werden. Aber jeglicher Stillstand in unserem Gesamtverhalten wird aufgefaßt im Rahmen eines durchgehenden zeitlichen Verlaufs, der es den anderen gestattet zu sehen, was falsch läuft, und Hilfe zu leisten, wo sie erforderlich ist, um uns so wieder auf den richtigen Weg zu bringen.

Diese Common-sense-Voraussetzungen des Verhaltens bilden demnach die Basis für unser Dasein, das offen ist für die Einflußnahme der anderen, für ihren Rat und ihre Hilfe. Sie ermöglichen es, daß die anderen sehen, worauf wir zusteuern und wo wir stehen, um so ein gemeinsames Schema der raumzeitlichen Relevanzen aufrechtzuerhalten, d. h., um die okkasionellen und indexikalen Eigentümlichkeiten[2] von Handlungen oder Reden anderer Personen lokalisieren und so ihren Sinn verallgemeinern zu können. Somit wird im gewöhnlichen Verhalten unsere eigene Präsenz in der Welt aufgefaßt als direkt bedeutsam für das Verstehen von Welt und anderer sowie umgekehrt für deren Verständnis von uns. Was ich z. B. hier und jetzt sage, ist in entscheidender Weise davon abhängig, wie ich diese Unterhaltung auffasse, wie ich versuche, ihr einen Sinn zu geben, der in ihr durch uns beide dann entsteht, wenn Sie als Leser sie mit mir teilen, und zwar als jemand, von dem man annehmen kann, daß er einen gewissen allgemeinen Sinn für diese Verweise, Anspielungen und jene durchgängige Fragestellung besitzt, auf die ich hier direkt Bezug nehme. Ich bin mir natürlich bewußt, daß Sie die Dinge nicht genauso wie ich sehen, daß Sie mehr oder eher weniger in das von mir Gesagte hineinlesen, als ich damit beabsichtigte. Aus dem gleichen Grund gibt es aber auch die Möglichkeit, daß ich denselben Gedankengang habe wie einige meiner Leser oder daß diese mir darin sogar voraus sind. Was auch immer die Differenzen zwischen uns im Hintergrund sein mögen, wir halten es für eine selbstverständliche Sache, obwohl nicht ganz ohne Kniff, daß wir Standpunkte, Gefühle und Meinungen miteinander teilen können, ohne daß wir direkt Bezug nehmen auf Disziplinen aus Logik und Wissenschaft. Diese Denkweise wird jedoch nicht ohne eine allgemeine sprachliche Auseinandersetzung festgelegt, in der wir jeweils den Quell der Zustimmung aufsuchen.

«In ebenderselben Weise, in der Personen teilnehmen an organisierten Vorgängen, sind sie engagiert innerhalb einer ernsthaft-praktischen Arbeit der Entlarvung, der Demonstration und Überredung, von Erscheinungsfor-

---

2 Harold Garfinkel, Studies in Ethnomethodology, Englewood Cliffs (N. J.) 1967, Kap. 1; Edmund Husserl, Krisis der europäischen Wissenschaften und die transzendentale Phänomenologie, hg. von W. Biemel, Husserliana, Bd. 6, Den Haag 1962.

men konsistenter, kohärenter, eindeutiger, entschiedener und planvoller Arrangements, und zwar durch Zurschaustellungen im Rahmen ihrer gewöhnlichen Interaktionsmöglichkeiten. In genau der Weise, in der ein Szenenspektrum strukturiert wurde, besteht dieses ebenfalls aus Methoden, durch die seine Akteure mit Darstellungen des Szenenspektrums im Sinne erzählbarer, beschreibbarer, sprichwörtlicher, vergleichbarer, anschaulicher, wiedergebbarer, d. h. darstellbarer Ereignisse versorgt werden.»[3]

Das gewöhnliche Verhalten des Alltagslebens ist keineswegs ein gegebenes. Es ist etwas, das sich in unserem sozialen Gesamtverhalten als Teil jenes Anspruchs kundtut, der auf das Begreifen dessen, wie die Dinge sind, abzielt, und zwar gemäß unserer Fähigkeit, mit unserem sozialen Umfeld, mit relevanten anderen Personen sowie mit unserem eigenen Gesicht umzugehen. Das gewöhnliche Verhalten des Alltagslebens ist somit nicht bloß ein kognitives, sondern vor allem auch ein expressives oder ethisches Verhalten, auf das Garfinkel mit dem Begriff des Vertrauens verweist oder auch mit dem der «personalen Einwilligung in die Lebenserwartungen des Alltags im Sinne einer Moralität».[4] Es ist ein Merkmal des Alltagslebens, daß es die meiste Zeit unser Selbstverständnis fördert, so daß wir nur dann, wenn es uns aus irgendeinem Grunde zu einer Enttäuschung oder einem Mißerfolg führt, unserer Investition dahingehend, wie wir die Dinge sehen, uns bewußt sind. Solche Investitionen zurückzuziehen, um neue Investitionsfelder für ein altes Ich zu finden, kann in der Tat qualvoll sein; dies erfordert die Gegenwart der anderen, auch jener Personen, die, wie sie uns später vielleicht eingestehen mögen, uns ermutigt haben.

Wir sind natürlich überrascht und schockiert, wenn die Dinge nicht mit unseren gewöhnlichen Erwartungen übereinstimmen. Jedes Tatsachenproblem erzeugt sowohl Fragen zur moralischen Identität wie auch zur erkenntnismäßigen Kompetenz. Wir nehmen an, daß es eine Welt gibt, von der gemeinhin gilt, daß sie gewisse konstitutive Merkmale einer Teilhabe besitzt, die wir hervorbringen in einer selbststrukturierenden Art und Weise, indem wir uns vor- und zurückarbeiten, Bedeutungen auslegen, einzelnes als Beweis für eine Ereignisstruktur nehmen, das sich als solches noch gar nicht etabliert hat, und umgekehrt, indem wir das Auftreten der Ereignisstruktur als «evident» für den Sinn ihrer Einzelheiten benutzen. Wir betrachten keineswegs das Wirken dieses Schemas der Dinge als einen Versuch auf dem Gebiet der Erkenntnis, sondern eher als eine moralische Anforderung an unser Realitätsverständnis sowie an unser Verständnis von Kompetenz und Verantwortung innerhalb des Wirkens einer Ereignisstruktur, für

3 Garfinkel a. a. O., S. 34.

4 H. Garfinkel, A Concept of, and Experiment with Trust as a Condition of Stable Concerted Actions, in J. O. Harvey (Hg.), Motivation and Social Interaction, New York 1963, S. 187–238.

die wir Partner sind, so daß für uns die Common-sense-Erkenntnis der sozialen Strukturen dieselbe Sache ist wie die moralische Erkenntnis.

Der Wissenschaftler, so wird behauptet, bricht mit der alltäglichen Welt des natürlichen Verhaltens. Er legt im Dienste eines systematischen Zweifels und seiner Überantwortung an eine rational konstruierte Erkenntnis das gewöhnliche Material von Glaube, Gewohnheit und Brauch beiseite. Mit dem Weg des Zweifels verfolgt der Wissenschaftler die Überwindung konventioneller Erkenntnis, die Zerstörung der Gewohnheit sowie die Emanzipation von Wählenkönnen und Entscheiden. Um das erreichen zu können, muß der Wissenschaftler sich selbst von der Welt pragmatischer Interessen und Bedeutsamkeiten befreien, um dadurch die Welt allein in der Aufrechterhaltung seiner eigenen wissenschaftlichen Zwecke, nämlich der Lösung eines Problems um seiner selbst willen, neu zu interpretieren.[5] Sogar im Hinblick auf seine Lösung ist der Wissenschaftler darauf gefaßt, daß sie zunichte gemacht wird, nachdem sie verbessert, genauer oder frei von Widersprüchen gemacht worden ist. Der Wissenschaftler hebt ebenfalls die raumzeitlichen Relevanzen auf, die durch seine eigene Präsenz in der Welt motiviert sind. Er nimmt einen zeitlos-objektiven Standort ein, bei dem die Raum-Zeit-Koordinaten lediglich dazu dienen, die Bedingungen für das Wiederholen von Experimenten festzulegen. Da der Wissenschaftler kein «Hier» innerhalb der Welt hat und immun ist gegenüber der Reziprozität des Standpunktes mit seinen Horizonten der Eigentlichkeit und Allgemeinheit, ist er gezwungen, einen modellhaft Handelnden zu konstruieren, dem er ein rationales Bewußtsein beilegt und der dadurch mit anderen in Interaktion steht, die in gleicher Weise dazu bestimmt sind, wie jedermann rational zu handeln.

«Der Homunculus ist mit einem Relevanzsystem ausgestattet, das aus dem wissenschaftlichen Problem seines Schöpfers hervorgeht und nicht in der besonderen biographisch bestimmten Situation des Handelnden in der Welt gründet. Der Wissenschaftler definiert für sein Geschöpf, was sein Hier und Dort, was in seiner Reichweite, was ihm ein Wir, ein Ihr und ein Sie sein soll. Der Wissenschaftler bestimmt den Wissensvorrat, der seinem Modell als verfügbar zugeschrieben wird. Dieser Wissensvorrat ist nicht sozial abgeleitet und verweist auch auf keine soziale Billigung, ohne ausdrücklich so entworfen zu sein. Das dem untersuchten wissenschaftlichen Problem gemäße Relevanzsystem allein bestimmt die innere Struktur des Problems, das heißt die Elemente, ‹wovon› der Homunculus wissen soll, jene, die er nur in bloßem Bekanntsein haben soll und endlich die anderen,

5 Max Weber, Wissenschaft als Beruf, in den Gesammelten Aufsätzen zur Wissenschaftslehre, 3. Aufl., Tübingen 1968; vgl. auch Herminio Martins, The Kuhnian Revolution and Its Implications for Sociology, in T. J. Nossiter/A. H. Hanson/S. Rokkan (Hg.), Imagination and Precision in the Social Sciences, London 1972, S. 13–58; Robert W. Friedrichs, A Sociology of Sociology, New York 1970.

die er für selbstverständlich hält. Damit ist festgelegt, was ihm vertraut und was anonym sein soll und auf welcher Ebene die ihm zugeschriebenen Erfahrungen in der Welt typisiert werden sollen.»[6]

Soziologische Darstellungen sind stark beschäftigt mit dem gewichtigen Problem eines Aufeinandertreffens von Alltagswelt mit ihren gewöhnlichen und natürlichen Verhaltensformen und problemspezifischen Interessen der wissenschaftlichen Forschung und Erklärung. Man kann diese Schwierigkeit in vielfältiger Weise zum Ausdruck bringen. Das spezifische Vorgehen, das ich selber hier zu entwickeln vorziehe, setzt an bei der gegenseitigen Darstellbarkeit von gewöhnlichen und wissenschaftlichen Verhaltensweisen. Es ist z. B. möglich, ohne evolutionistische oder rationalistische Festlegung, auf die Artikulation des Common-sense-Wissens, von dem uns die Wissenschaft ganz entbindet, zu verzichten. Ein solches Vorgehen wäre durch die philosophische Tradition abgesichert und könnte dazu dienen, den höheren sozialen Status abzuschätzen, den der Wissende für sich selber in Anspruch nimmt, und zwar, indem er sich auf die Lauterkeit des rationalen Denkens in seinem Kampf gegen Ausschweifung und Dummheit beruft. Diese Tradition straft sich selbst Lügen insofern, als sie sich selbst auf die Nüchternheit des gesunden Menschenverstandes beruft, um uns so vor dem Rausch des spekulativen Denkens zu bewahren. Denn das, was man in den menschlichen Angelegenheiten als vernünftig ansieht, wird öfter, als es für die Verhaltensforscher schmeichelhaft wäre, dem gemeinen Verstand zugeschrieben. Die Menschen sind sich gewöhnlich darüber im klaren, daß sie genauso wie alle anderen Menschen auch in eine Welt hineingeboren wurden, deren Sinn und Zweck ihnen vorausgeht. Wenn er auch nicht zur Subjektivität und zur Unordnung inspirierte, so verbindet sich der gemeine Verstand doch selbst mit jener typisch menschlichen Torheit, die in der Überzeugung besteht, der Mensch müsse es schaffen, mit sich selbst zu leben. Echte Torheit ist der quälenden Vorstellung eines vollkommen rationalen Charakters und einer ebensolchen Gemeinschaft fremd.

Es liegt im Interesse der wissenschaftlichen Soziologie, das Brauchtum zu zerstören und die Konvention verächtlich zu machen, um so die menschliche Gemeinschaft nach dem Gesetz der Vernunft formen zu können. Mit dieser zeitlosen Zielvorstellung sucht die Soziologie immun zu werden gegen die dringenden Erfordernisse des Zusammenlebens und des kollektiven Gefühls. Wenn diese Zielvorstellung überhaupt eine Möglichkeit darstellen soll, dann wäre die Soziologie wahrlich eine Wissenschaft der Differenz, d. h. des Egoismus, des Eigeninteresses und der Gewalt, zusammengefaßt in der Teilung der Arbeit, im Vertrag und in der Welt der Methode. Aber es ist auch genau diese Zielvorstellung, die die wissenschaftliche Soziologie auf das Gesetz der Erscheinungen beschränkt. Dieses Gesetz erhält umgekehrt

---

6 Alfred Schütz, Gesammelte Aufsätze Bd. 1, Das Problem der sozialen Wirklichkeit, Den Haag 1971, S. 47–48.

das vernunftmäßige Organisieren des sozialen Lebens, indem es seine antisozialen Grundlagen verbirgt. In eben dieser Weise enthüllt uns Erving Goffman die Torheit der deskriptiven Sozialwissenschaft. D. h., seine Arbeit zeigt, daß sich dann, wenn erst einmal die Soziologie selbst nicht mehr auf die Grundlagen kollektiven Lebens verpflichtet ist, nichts mehr hinter der Vordergründigkeit soziologischer Deskription verbirgt.[7] In einer solchen Lage glossiert die soziologische Deskription nur noch die Praktiken der Nichtigkeit, des Gleichmuts und der Angst vor dem Tod. Sobald die wissenschaftliche Soziologie der zeitlosen Torheit verfällt, mit dem Gemeinsinn zu brechen, wird ihr eigener Anspruch problematisch oder, besser, er wird reduziert auf eine unsichere Stimme, die sich gegen eine unvertraute Gesellschaft erhebt. Denn die Gemeinschaft von Gesellschaft und Soziologie besteht nicht kraft der Wissenschaft.

«Vielleicht erhebt sich hier unversehens vom Himmel herab ein Weiser wider mich und klagt, daß dieser da, den alle als Gott und Herrn betrachten, auch kein Mensch sei, weil er sich nach tierischer Art von Trieben leiten lasse; er sei ein Sklave in elender Lage, weil er so vielen und schmutzigen Herren freiwillig diene. Einen andern, der den Tod des Vaters betrauert, könnte er zur Freude aufmuntern, weil der Vater nun erst zu leben begonnen habe, da doch das Leben hier nichts anderes wäre als eine Art Tod. Einen Adelsstolzen könnte er namenlos und Bankert nennen, weil er kein Verhältnis zur Tugend hätte, die allein die Quelle der Vornehmheit sei. So könnte er über alles sonst seine Sprüche machen. Bitte, was hätte er dann anderes getan als sich vor allen verrückt und besessen gebärdet? Wie nichts törichter ist als unangebrachte Weisheit, so ist nichts weniger klug als verkehrte Klugheit. Verkehrt handelt nämlich, wer sich der augenblicklichen Lage nicht anpaßt und seine Fahne nicht nach dem Wind stellt, sich nicht wenigstens des Trinkspruches ‹Sauf oder lauf!› erinnert und fordert, daß das Spiel nicht mehr Spiel sei. Dagegen zeugt es für die rechte Klugheit, wenn du als Mensch nicht über deine Grenzen hinaus weise sein willst und mit dem gemeinen Haufen gern ein Auge zudrückst oder munter irrst. Das aber, sagen sie, sei gerade das Merkmal der Torheit. Ich will es nicht einmal abstreiten, nur sollen jene ihrerseits zugeben, daß man so das Bühnenstück des Lebens spielt.»[8]

Es gehört zur wissenschaftlichen Torheit, den Menschen für rationaler zu halten, als er ist. Solche Torheit verbindet sich leicht mit politischem Hochmut, der darin besteht, Menschen ohne ihren Willen zu Werkzeugen einer

---

7 Erving Goffman, Wir spielen Theater: die Selbstdarstellung im Alltag, 2. Aufl., München 1973; ders., Das Individuum im öffentlichen Austausch: Mikrostudien zur öffentlichen Ordnung, Frankfurt/Main 1974; Daniel C. Foss, Self and the Revolt against Method, in: Philosophy of the Social Sciences, 2, 4, 1972, S. 291–307.

8 Erasmus v. Rotterdam, Das Lob der Torheit, hg. u. übers. v. A. J. Gail, Stuttgart 1973, S. 34–35.

rationalen Organisation zu machen. Soziologie wird meist immer für diese Aufgabe eingesetzt. Oder besser, ohne Selbsterkenntnis kommt die Soziologie niemals mit den Versuchungen wissenschaftlicher Torheit zurecht. Es ist deshalb von entscheidender Bedeutung, daß wir das Wesen des Verhaltens untersuchen, damit ist gemeint: Erforschung der Lebensformen anderer Menschen. Wir müssen fragen, was das ist – ob Glaube oder Methode –, das uns dazu bringt, unser eigenes Leben unter anderen Menschen zu dezentrieren, um so aus ihm einen Brennpunkt zu machen, der allein der Beschäftigung mit der Andersartigkeit der anderen dient. Wie machen wir das? Wie ist diese Beschäftigung motiviert, wie kann sie realisiert werden? Wir dürfen nicht annehmen, dies sei ein Werk der Entfremdung; sie wird ja eben nicht außerhalb der entscheidenden Bindungen praktiziert, die zwischen uns und den anderen bestehen, jenen anderen, die uns ihrerseits nähren, anlächeln, uns helfen, verletzen und in Verwirrung stürzen. Unter den Menschen meint Rationalität ein inkarniertes Streben nach Verständnis, das in der leiblichen Gegenwart gezeugt wird. Dies ist das tragende Moment soziologischer Forschung. Was würde es bedeuten, wenn wir uns selbst von dieser einheitlichen Bindung lösen würden, um damit aus der Soziologie eine Wissenschaft zu machen? Wenn wir eine solche Distanz erreichen könnten, auf was wäre die Soziologie zu guter Letzt anwendbar?

Angesichts dieser Fragen bezieht sich die Soziologie selber auf die wissenschaftliche Deskription. Dennoch ist in der modernen Literatur und Wissenschaft nichts weniger gesichert als die Deskription. Oder besser gesagt, es gab Zeiten und Orte, wo die Erzählung eine gängigere Form war – oder die eigentliche Komposition einer gängigen Verhaltensweise war. Heutzutage jedoch lösen sich die Wörter von den Sätzen, die sie auf der Ebene literarischer Konventionen zu halten versuchen. Sinn und Unsinn sind, wenn überhaupt, eher rivalisierende Sensibilitäten und nicht Grenze und äußerster Rahmen des Verstehens. Somit kann nichts leidenschaftlicher sein als die Verpflichtung auf die echte soziale Erzählform, d. h. auf eine Erzählform, die Geduld hat mit den Vertrautheiten des geordneten und des ungeordneten Lebens, durch die der Leib das «Fleisch» der Welt wird und die Welt ihrerseits sich verleiblicht in Sinn und Unsinn von Charakter und Gesellschaft.

Wilde Soziologie anerkennt, daß sie sich mit dem hoffnungslosen Umstand, ihren Lebensunterhalt verdienen zu müssen, abzufinden hat. Denn der Soziologie gehen die imponierenden Errungenschaften des gewöhnlichen Lebens und praktischen Denkens voraus, die es der Soziologie ermöglichen, wie die Wissenschaft, mit einem Mangel an menschlichem Zutrauen zu beginnen. Der wilden Soziologie steht kein anderer Weg offen als jener des konventionellen Zweifels an der großen Tradition unserer Sinne, unserer Verhaltensweisen und unseres gesunden Menschenverstandes. Somit ist sie auf keine andere narrative Form verpflichtet als auf die Tugenden und Bestimmtheiten des täglichen Lebens, auf denen wir unsere Institutionen des Verstehens und des guten Willens aufbauen. Wilde Soziologie kann den vertrauten Umgang mit Bedürfnis, Hoffnung und Unbill, mit Werkzeugen und Motoren, mit Familie und erster Liebe, auch nicht den mit Haß und gebrochenem Herzen aufgeben. Dies alles sind niemals unsere eigenen Engagements, sobald sie abhängig gemacht werden von der Verpflichtung auf eine spekulative Vernunft mit ihren Nützlichkeits- und Profitkontrakten. Denn unser soziales Leben ist weder gleichzusetzen mit einem Gebrauchsgegenstand noch mit seinem Eigenimage. Diese Ansicht muß trotz aller Widrigkeiten des Mißbrauchs, des Vorteils, der Hirngespinste, Machenschaften und der vertraglichen Vereinbarungen, denen wir ausgesetzt sind, durchgestanden werden, ähnlich der Art und Weise, in der das Leben sich aller Unbill widersetzt:

«Die Einfachheit und Eintönigkeit der Arbeit ist einer jener Gründe, die es schwierig machen, über sie zu schreiben. Die schlichten Einzelheiten einer Beschäftigung, sofern man sie darzustellen versucht, die schon allein für sich eine genügend hohe Kraftanstrengung darstellen, wie also kann man diese hinreichend deutlich machen und auch jene gleiche Anzahl von Handgriffen, die von dieser Frau jeden Tag vollzogen wurden, und das elf oder fünfundzwanzig Jahre lang, seit ihrer Heirat, und die von ihr weiterhin vollzogen werden, tagtäglich, wohl auch den Rest ihres Lebens; und unter all den vielen Prozessen mit ihrem ermüdenden Kraftaufwand, die als solche jeden ihrer Lebenstage formen, ist dieser nur einer; wie hat man die Zeiten einzuschätzen, an denen sie diese Dinge tat, wie die Zeiten, an denen sie diese noch tun wird; wie kann man es in Worte fassen, daß es der Wirklichkeit entspricht, wie das steigende Gewicht dieser Handlungen verstehen, die auf ihr lasten; was hat diese Belastungszunahme aus ihrem Körper gemacht, was aus ihrem Geist, aus ihrem Herzen, ihrem Dasein. Wie kann man dies, Ihnen, die Sie das lesen, so real vermitteln, daß es Ihnen unauslöschlich vor dem geistigen Auge steht als die tiefste und stärkste Qual und Schuld Ihrer eigenen Existenz, die darin besteht, zu sein, was Sie sind, und zu sein, was sie ist, daß Sie dennoch für keinen Augenblick den Platz mit ihr tauschen können und auch nicht mit einer solchen Hoffnung Buße tun können für das, was sie durch Ihre Hände leidet und für das Sie Ihre eigenen brauchen: Nur wenn Sie alles, was in Ihnen ist, in die niemals nachlassende Bestimmung all dessen stecken, das anders und richtig ist, und wenn das, was ‹richtig› ist, etwas darstellt, für das man sein Leben opfern kann und das sich schon abzeichnet, wenn noch die öde Dunkelheit der Ruhe weit leidenschaftlicher und skeptischer als jemals zuvor auf diesen Punkt hin befragt, verteidigt und erlernt wird. Es gibt keine Möglichkeit, Herz und Kopf zu zwingen, jenen Schrecken in die Augen zu sehen – solch sanfte Augen –, die sich vervielfältigen und nicht das Wissen davon verlieren, daß jeder einmalig ist, unwiederholbar, ein heiliges Individuum, trotz der zwei Milliarden Menschen, die heute die Erde bevölkern; von denen sich ein paar Hunderttausend in besonderem Maße abquälen, von denen aber ein Großteil und wohl auch die Mehrheit so geartet ist und in der gleichen Weise handelt wie sie: und bedenken Sie, bei all diesen Individuen, versuchen Sie einmal die alles vernichtende Melodie zu erfassen.»[9]

Wiederholung ist die Basis von Charakter und wahrer Erzählung. Sie liegt ganz auf unserer Linie und ist das, was die Soziologie in unserem täglichen Leben etablieren müßte. Aber Soziologie braucht nicht zu wissen, was sie wissen sollte; das ist die Schwierigkeit, die bei der von ihr geleisteten Erzählung auftaucht. Es kann nämlich sein, daß sie ihr Ziel, das in der Verallgemeinerung liegt, aufgibt, wenn sie daran scheitert, die Namen jener Dinge, die ihre poetische Quelle sind, voll in Anspruch zu nehmen. Soziologie klärt uns auf durch ein Gespräch über Individualismus, Gleichheit, Fortschritt und Umweltverbesserungen. Aber Charakter und Ort stehen gegen das, was die wissenschaftliche Fachsoziologie für uns bereithält. Die Soziologie läßt sich selber freien Lauf, ohne Rücksicht auf Ort, Vergangenheit oder Nachteile für die Familie. Dennoch, diese Dinge kommen auf uns zurück. Die Soziologie behandelt sie um ihrer Selbsterhaltung willen als «Probleme».

Die wilde Soziologie hält fest an der täglichen Notwendigkeit, jeden Tag aus der Notwendigkeit eine Alltäglichkeit und nicht die Mutter von morgen zu machen. Wir wissen das, und wir wissen auch, daß es jene Wiederholung ist, die tägliche Wiederholung unserer Lebensweise, die in unserem Alltagsleben, in unserem Sprechen und in all unseren Sinnen steckt und die die Gesprächsbasis der Soziologie als Lebensform darstellt. Aus diesem Grunde verbirgt die wilde Soziologie ihren eigenen Namen. Sie ist weder außerhalb noch oberhalb der heiligen Orte, die sie zu betreten sucht. Sie hat keine Kommandostimme, denn sie vermeidet Vorschriften der Methode und der erzwungenen Zugänge der Wissenschaft. Wilde Soziologie versucht deshalb zu überzeugen und zu imponieren, nicht aber in einer unverantwortlichen Art und Weise, denn sie glaubt an die Dichtung und an die Verehrer der Menschheit. Die Methode pocht auf ihre eigene Durchführung, und deshalb ist sie unbekümmert und indifferent gegenüber Einzelheiten, die unter ihr eigenes Gesetz fallen. Wilde Soziologie lehnt die methodische Strenge ab, der jeglicher Respekt vor der Gemeinschaft, die unter ihrer Praxis leidet, fehlt. Aus den gleichen Gründen ist sie nicht im einfachen Sinne konservativ; ihren Aktionen und ihrer Rede auferlegt sie die Verpflichtung, unsere Einzelexistenzen zusammenzubringen.

Wilde Soziologie ist auf ihre Gemeinschaft verpflichtet. Denn der Soziologe braucht andere Menschen genauso, wie die Menschen ihr Glück und ihre Kümmernisse miteinander teilen und sie nicht nur allein tragen. Niemand will wirklich privilegiert und eine Ausnahme sein, außer dann, wenn es Geschenke sind, an denen man teilhat während einer Familien- oder

---

9 James Agee/Walker Evans, Let Us Now Praise Famous Men, New York 1966, S. 290–291.

Gemeinschaftsfeier zur Erinnerung an unsere Siege oder Niederlagen, um unsere Ankunft zu feiern oder um unseren Abschied zu beklagen. Solcher Gemeinschaft sind wir selten versichert; sie kann nicht usurpiert werden durch ein Privileg der Wissenschaft, die sich intolerant zeigt gegenüber bestimmten Begrüßungsformen. So verteidigt die wilde Soziologie jene Gemeinschaft, die sie als Ort ihres Handelns gewählt hat. Dafür appelliert sie an die der Gemeinschaft je eigene Reminiszenz und Kraft zur Wiederholung, die für die Gemeinplätze ihres Denkens und ihrer Selbsteinschätzung sorgen. Somit ist die wilde Soziologie dazu gezwungen, die zugrundeliegende Natur der Dinge zu beobachten und zu belauschen, dort, wo sie nicht durch Passivität beherrscht werden, sondern wo sie für jene Lösung des Problems eingesetzt werden, das darin besteht, das Leben in Arbeit, Rede, Glaube und Verstehen zu integrieren. Wilde Soziologie ist deshalb jenseits dieser eigentlichen Vorgänge, die auf die Arbeit der anderen bauen, um so unsere Gedanken und unsere Rede vereinen und uns eine Chance zur Liebe und zum Verstehen anbieten zu können, und zwar ohne irgendeine Methode, die für sie selber gelten würde. Somit ist der Vorgang der gemeinsamen Sinnbildung ein Appell an die Welt als das «Fleisch», als eine Omnipotenz, die niemals nur Material der Wissenschaft ist, da ihr in bezug auf uns Distanz und Indifferenz fehlt.

«Viele Dinge ergeben sich in der Wiederholung, die aus jedem eine Geschichte für jeden macht, der ihr ständig zuhört. Bei jedem zeigen sich eine Menge Dinge, und weil man ihnen lauscht, lauscht man all ihren Wiederholungen; dabei wird man sich über diesen Punkt bei ihnen im klaren, über ihre Geschichte, über die zugrundeliegende Natur in ihnen, einer Natur oder mehrerer durcheinandergemischter Naturen, die dazu dienen, die Ganzheit in ihnen irgendwie zu vermengen. Irgendwann gibt es dann eine Geschichte der personalen Allgemeinheit.

Wenn du an den Punkt kommst, wo du die Ganzheit von irgend jemandem von Anfang bis Ende fühlst, dann ist jede Form der Wiederholung darin mit eingeschlossen, alle verschiedenen Arten und Weisen, die sich zu verschiedenen Zeiten wiederholen, alle Formen von Einzeldingen und Vermischungen in ihnen; jeder beliebige kann dann, indem er genau seine Mitmenschen aus nächster Nähe ansieht, erkennen, daß eine Geschichte der personalen Allgemeinheit eine lange Geschichte sein muß. Die Geschichte von irgend jemandem muß eine lange Geschichte sein, langsam nur entwikkelt sie sich in den Dingen, vom Anfang bis zu ihrem Ende, langsam und allmählich kannst du in ihnen die Natur und die Mischungen erkennen, langsam tritt jedes Ding durch jeden von uns in Form der Wiederholung, die jeder in verschiedenen Abschnitten und Weisen des Lebens vollzieht, in Erscheinung, langsam kommt dann ihre Geschichte ans Tageslicht, langsam hat dann jeder, der irgendeinen mit Wohlwollen ansieht, die Geschichte seiner Ganzheit vor Augen. Irgendwann einmal gibt es eine Geschichte der personalen Allgemeinheit. Meist ist jede Geschichte eine lange. Langsam nur entwickelt sie sich aus jedem von uns, langsam erfährt irgend jemand, der die Mitmenschen ansieht, die Geschichte eines jeden Lebensabschnittes von irgendeinem innerhalb der Geschichte der Ganzheit eines jeden von uns, die irgendwann diejenige der personalen Allgemeinheit sein wird.»[10]

Der Physikalismus der wissenschaftlichen Beobachtung und Reflexion, mit dem ich die Voraussetzung der Distanznahme meine, scheint meiner Ansicht nach die Soziologie in einen Imperialismus der Methode und der Rationalität zu führen, der die rituale Ganzheit der täglichen Einzelheiten untergräbt, die ihrerseits die Grundlage für individuelle Integrität und gemeinschaftliches Durchstehungsvermögen bildet. Jeder einzelne, jede Gemeinschaft steht uns bei als Monument menschlicher Möglichkeit, ausgedrückt in den Gesichtern, den Händen, der Musik, der Nahrung, den Wohnungen und Werkzeugen, die der Mensch einsetzt gegen eine Welt und die Wirrnisse seiner eigenen Arrangements. Der Zyklus dieser Dinge wird geboren in einer Expansion der Hoffnung und der Möglichkeit, die zum Tod hin stufenweise wieder eingeschränkt wird. Es gehört zur Bürde der wilden Soziologie und zu ihrer imaginativen Kraft, diesen Zyklus kultivieren zu müssen und seinen Zeitabschnitten, Formationen und Zusammenhängen zu folgen. Die wissenschaftliche Fachsoziologie kann dieser Aufgabe so lange nicht gerecht werden, wie sie ein Instrument ist für jene in der modernen Gesellschaft bestehende Hartnäckigkeit, den Lebenszyklus zu vernachlässigen und seine Wiederholungen dadurch zu untergraben, daß man sie in mechanischen Organen der Produktion und Reproduktion entäußert.

Der Stolz der Soziologie ist ihre Methode der wissenschaftlichen Analyse und Vereinheitlichung, deren Ziel darin besteht, aus der Welt bis ins kleinste hinein eine Frage der Konstruktion zu machen. Wir werden nicht, ohne darüber nachgedacht zu haben, jene Physik akzeptieren, die in den Begriff der reflexiven Distanz Eingang gefunden hat. Was bedeutet es, wenn man von der Distanz zwischen Menschen spricht? Wie könnte das Denken außerhalb des Begrüßens, des Kommens und Gehens stehen? Kurz, ist nicht alles und jedes zwischen den Menschen gebildet in der Faltung ihrer Gegenwart? Das Gesicht der Soziologie ist der Welt zugewandt, obwohl sie die Welt nicht liebt in ihrer Eigenart, mit ihren Häusern, ihren Lebensmitteln und Möbeln, ihrer Musik und ihrem Tanz, ihren Gebeten und ihrem Terror. Soziologie ist gleichbedeutend mit dem «Blick nach draußen»; sie sucht nämlich die Schicksalsbestimmung in den Formen der Umwelt neu zu bilden. Zugunsten von Reform und Revolution schüttelt sie die Last von Geburt und Familie ab, die Bindungen des Blutes und die Unausweichlichkeit des Todes. Soziologie ist demokratisch und progressiv. Ihre Methode ist die «Zukunft via Menschenseele». Sie verbindet sich mit den Zufällen der Liebe, um die Freiheit in das Geschick von Geburt, Familie, Klasse und Nachbarschaft einzuschreiben. Soziologie ist davon überzeugt, daß die

10 Gertrude Stein, The Making of Americans, New York 1934, S. 128.

Schwierigkeit in ihrer Aufgabenstellung korrigierbar ist durch Anstrengungen auf dem Gebiet der Erziehung, der Wissenschaft und Politik, die darin bestehen, alle menschlichen Arrangements zu Angelegenheiten einer Regel zu machen.

Wilde Soziologie braucht Zeit, denn sie beschäftigt sich mit der Oberfläche, unter der das Schweigen liegt, ein «wildes Sein», das unser Leben ist und das gebildet wird aus dem Erbe dieses Leibes, aus der Gemeinschaft der Unsrigen und aus der Arbeit unserer Sinne und unseres Intellekts, mit denen er andere berührt und von denen er eine gewisse Form des Wissens erlangt, dem man sich nicht verweigern kann und das sich immer wieder aufs Spiel setzt. Wilde Soziologie wird beherrscht von einem tiefgreifenden Respekt vor den Einzelheiten von Ort, Zeit und Verhalten, in denen der Mensch seine Vertrauensverbände und -institutionen bildet, die sein öffentliches Leben ausmachen. Ihre Erzählungen erhalten den Glauben an dieses Vertrauen, und zwar anhand einer selbstbewußten Schlauheit, die in dem Wissen besteht, daß die Dinge keineswegs so sind, daß sie einen oberflächlichen Realismus fördern oder Nachsicht hätten mit einem hohlen Ästhetizismus. Dies sind spezielle Formen kontemplativen Denkens, die darin versagen, uns an die schreckliche Kleinarbeit und örtlich begrenzten Vorgänge zu binden, die ja den Zusammenhalt unseres sozialen Lebens bilden. Die echte soziologische Schilderung ist nicht die leere Wiederholung dessen, wie die Dinge sind, ganz zu schweigen davon, wie es zu unserem Wissen kommt, daß Dinge so sind, wie sie sind. D. h., die echte Schilderung ist das Gespräch der Seele mit ihren Sinnen, durch die wir in unserem Lebenszyklus engagiert sind und wo wir leben, so gut und so schlecht wir eben können. Dies ist die wahre Basis soziologischer Deskription und Forschung; die wilde Soziologie ist damit unwiderruflich eine Volkskunst. Nimmt man sie beim Wort, so ist von uns eine heilige Wachsamkeit gefordert.

Über den Verfasser

John O'Neill: geboren 1933 in London. Studium der Soziologie, Politologie und Ökonomie an der London School of Economics und in den USA an der University of Notre Dame und der Stanford University. Lehrtätigkeit an verschiedenen nordamerikanischen Universitäten; seit 1969 o. Professor für Soziologie an der York University in Toronto (Canada). Herausgeber von *Philosophy of the Social Sciences* und der *International Library of Phenomenology and Moral Sciences*, Mitherausgeber von *The Canadian Journal of Sociology*.

Wichtigste Veröffentlichungen:

Perception, Expression and History: The Social Philosophy of Merleau-Ponty, Evanston 1970 / Sociology as a Skin Trade, New York 1972 / Making Sense Together, New York 1974 / On Critical Theory, New York 1976 / Vom Wechselbezug zwischen alltäglicher und wissenschaftlicher Erklärung, in: Phänomenologie und Marxismus 3, Sozialphilosophie, Hg. Waldenfels, Broekman, Pažanin, Frankfurt a. M. 1978, S. 45–65.

Personenregister

107/16